대한민국
대학혁명

대한민국 대학혁명

초판 1쇄 인쇄 2021년 6월 10일
초판 1쇄 발행 2021년 6월 19일
지은이 대학무상화·대학평준화 추진본부 연구위원회
펴낸이 김승희
펴낸곳 도서출판 살림터

기획 정광일
편집 조현주
북디자인 이순민

인쇄.제본 (주)신화프린팅
종이 (주)명동지류

주소 서울시 양천구 목동동로 293 22층 2215-1호
전화 02) 3141-6553
팩스 02) 3141-6555
출판등록 2008년 3월 18일 제313-1990-12호
이메일 gwang80@hanmail.net
블로그 https://blog.naver.com/dkffk1020

ISBN 979-11-5930-194-0 03370

대한민국
대학혁명

대학무상화 대학평준화 추진본부 연구위원회 지음

살림터

차 례

미룰 수 없는 과제
- 대학무상화와 대학평준화

대학 공공성 강화-대학평준화 운동을 전개한 지 15년의 세월이 훌쩍 지났습니다. 수많은 정책 토론회와 기자회견, 국토대장정 그리고 대중운동을 전개해 왔음에도 입시경쟁교육과 대학서열화는 아직까지 해결되지 않고 있습니다. 그렇지만 동시에 교육 주체들이 흘린 땀과 눈물만큼이나 대학무상화와 대학평준화를 향한 조건들은 무르익고, 기반은 점점 더 탄탄해지고 있습니다. 무엇보다 대학 공공성 강화와 대학서열 철폐는 먼 미래의 일이 아니라 우리 사회가 조속히 달성해야 할 당면한 과제라는 생각이 국민적으로 확산되었습니다. 2011년 서울대 법인화 저지 투쟁을 계기로 대학평준화의 경로인 대학통합네트워크 방안이 여러 교육 주체들의 논의를 통해 더욱 풍부해졌고, 2012년 반값등록금 투쟁은 대학등록금 폐지 투쟁을 거치면서 2020년에는 대학무상화로 방향을 잡았습니다. 교육 주체의 실천이 누적되면서 입시경쟁교육 철폐와 대학통합네트워크의 건설은 시대적 과제로 자리 잡기에 이르렀습니다.

대학서열 철폐와 대학 공공성 강화는 사회적 쟁점화·공론화 단계를 거쳐 대통령 선거와 교육감 선거에서 정당과 후보의 공약으로 발표되는 공약화 단계를 통과했습니다. 이제 대학혁명은 정책과 제도로 실현해야 할 현실화 단계에 진입하고 있습니다. 대학평준화와 대학 공공성 강화는 입시경쟁교육으로 고통받던 학생, 교사, 학부모 등 초·중등 교육 주체의 절규에서 시작되었지만 대학생, 대학 직원, 대학교수에 이르기까지 대학교육의 질을 향상시키려는 대학 주체들의 공동의 요구가 되었으며, 입시 사교육과 비싼 대학등록금의 고통에 시달려 온 국민들의 합창이 되고 있습니다. 어느새 대학무상화와 대학평준화는 거스를 수 없는 시대의 도도한 흐름이 되었습니다.

대학교육의 확대와 국가의 책임 증대는 세계적 추세이기도 합니다. 교육선진국들의 경우 국가의 재정 투입으로 대학교육의 무상화가 자리 잡은 지오래되었으며, 최근에는 고등교육 입학률과 이수율이 지속적으로 상승하여고등교육이 보편화되는 단계에 진입했습니다. 우리나라도 고등학교까지 무상교육이 완성되었고 고등교육 입학률은 세계 최고 수준입니다. 그러나 고등교육의 보편화에도 불구하고 우리는 줄 세우기 경쟁을 강요하는 대학서열체제와 상위 서열의 대학에 진학하려는 살인적인 입시 지옥에 여전히 갇혀있습니다.

이러한 상황을 조속하고도 근본적으로 바꾸기 위하여 우리는 이론적·실천적 성과를 모아 『대한민국 대학혁명』을 내놓습니다. 이 책은 기존에 출간했던『대한민국 입시혁명』을 전면 개정하여 대학무상화, 대학평준화의 논리와 경로를 풍부하게 하고 구체화했습니다. 아울러 대학무상화와 대학평준화와 관련하여 제기되는 질문에 대하여 답변 형태로 정리하여 보론으로 실었습니다. 우리는 이 책이 교육 주체와 국민들의 대학혁명을 향한 발걸음과 함께 역동적으로 전진해 나가기를 바랍니다.

　이미 2020년에 대학혁명의 실현을 당면 목표로 하는 대학무상화·대학평준화 추진본부가 출범했습니다. 대학무상화·대학평준화 추진본부가 출범하면서 발표한 출범 선언문으로『대한민국 대학혁명』의 서문을 갈음하고자 합니다. 대학 공공성을 강화하고 대학서열화를 해소하는 이론과 실천의 현장에서 우리는 국민과 함께 힘차게 행진해 나갈 것입니다.

　　　2021년 6월
　　　임재홍, 김학한, 홍성학, 이현, 임순광, 김병국

'대학무상화·대학평준화 추진본부' 출범 선언문(2020년 11월 7일)

코로나19로 인해 초등학교에서 대학교까지 교육 활동이 위축되었다. 이 와중에도 교육 양극화와 교육 불평등을 심화하는 대학서열화와 입시경쟁은 기승을 부리고 있다.

그동안 교육 주체들은 교육을 올바로 세우기 위해 특권학교·대학서열화 폐지, 대학등록금 폐지·대학교육 무상화, 대학 공공성 강화 등의 교육혁명 운동을 줄기차게 전개해 왔다. 15년 이상 우리는 WTO교육개방저지·교육공공성강화국민운동본부(2004년)-입시폐지·대학평준화국민운동본부(2007년)-교육혁명공동행동(2011년)-새로운교육체제수립을위한사회적교육위원회(2017년) 활동을 통해 한국 교육의 근본적인 개편을 추진해 왔다.

이러한 교육 주체들의 연대 활동 덕분에 특권학교의 일반고 전환(2025년)과 고등학교까지 무상교육 실현(2021년)이 이제 눈앞에 다가왔다. 대학등록금 폐지 투쟁을 통해 반값등록금 정책을 실현하는 성과 또한 확보하였다. 나아가 대학서열화 해소의 주요 경로인 대학통합네트워크 논의를 공론화하여 현실의 과제로 부상시켰으며 수능 영어 절대평가 역시 이루어 냈다.

하지만 여전히 초·중등교육의 학생, 학부모, 교사들은 명문대 진학을 향한 입시경쟁교육 때문에 고통받고 있다. 대학 역시 수년 동안 구조조정의 위협에 시달려 왔을 뿐, 대학 공공성 강화로의 개선은 전혀 이루어지지 않고 있다. 대학서열화 폐지의 주요 경로인 국립대 통합네트워크 추진은 거점 국립대에 대한 재정 지원 수준에 머무르고 있다. 공영형 사립대 도입은 시범 실시 논의 차원에서 멈추어 버렸다.

비록 촛불항쟁 이후 정치적 지형이 변화하였지만, 교육 주체와 사회 구성원 전반이 바라는 교육체제를 갖추기 위해서는 지금보다 더 광범위하고 강고한 활동이 필요하다. 입시경쟁교육을 종식시키고 대학서열체제를 해소하는 것, 대학교육을 무상화하고 대학의 공공성을 획기적으로 강화하는 것은 우리의 지상 과제이다.

오늘 우리 교육 주체들은 교육혁명의 주요 과제인 대학 공공성 강화와 학벌체제 해소 운동을 힘차게 이끌어 갈 '대학무상화-대학평준화 추진본부'의 출범을 힘차게 선포한다. 우리는 추진본부를 동력으로 하여 최대한 빨리 대학교육의 무상화와 대학평준화를 실현하기 위한 역동적 국면을 만들어 낼 것이다. 더 많은 이들과 함께 더 나은 교육, 더 나은 세상을 만들어 갈 것이다.

제 **1** 장

한국 대학의 현주소

세계적으로 고등교육의 참여 인원과 규모는 해가 갈수록 확대되고 있다. 역사적으로 보면 2차 세계대전 이후 중등교육이 팽창하였고 이러한 중등교육의 확대와 팽창은 68혁명(1968년) 전후로 미국과 유럽 여러 나라에서 고등교육의 대중화를 추동하였다. 고등교육 확대 추세는 지속되어 2000년대에는 OECD 국가를 중심으로 보편화 단계에 도달하기에 이르렀다.

중등교육의 팽창

2차 세계대전 이후 선진국에서 몇 가지 요인으로 중등교육이 확대되고 팽창하였다. 첫째, 산업화의 진전으로 교육받은 노동력의 필요성이 증대하였다. 산업의 주력 업종이 노동집약적 경공업에서 중화학공업으로 이동하고 자동화 등 생산기술상의 발달이 가속화되면서 이에 적합한 교육받은 노동력을 요구하게 되었다.

둘째, 교육이 자본주의 사회에서 계층 상승의 사다리로 인식되면서 교육 기회의 평등에 대한 민중의 요구는 다른 영역보다도 높았다. 국민들의 교육적 권리를 보장하기 위해 공교육 확대는 다른 복지 정책에 우선하여 해결되어야 할 국가적 과제였다.

영국에서는 '모든 청소년에게 중등교육을!'이라는 슬로건 아래 1944년 교육법이 제정되고 초등학교와 중등학교가 연결되는 국민교육제도가 도입되어 만 15세까지의 의무교육이 확립되었다.

프랑스에서는 1959년 드골정부의 신법령에 따라 공교육의 의무화가 명시되었고 중등학교 입학자격시험인 11세 시험이 폐지되었으며 1975년 교육에 관한 법률이 제정되어 10년제 무상 의무교육제도가 확립되었다.

미국에서는 2차 세계대전 이후 생활교육운동과 「제대군인원호법」이 제정되어 교육의 대중화가 추진되었다. 특히 「제대군인원호법」에 따라 전역한 군인에게 고등교육 경비와 생활비 보조금을 지급함으로써 대학교육까지 확대되기 시작한다. 1963년 흑인의 공민권 운동이 비약적으로 확산되면서 연방정부는 1965년 「초·중등교육법」을 통과시켜 교육 지원을 개시하였다.

우리나라도 해방 이후 국민들의 높은 교육열로 초등교육이 팽창하였고 시간이 경과하면서 중등교육의 연쇄적인 확대로 이어졌다. 초등교육은 1960년대 초반 50%를 넘어섰으며 1980년에는 96.8%로 완전 취학 단계에 도달하였다. 초등교육의 진학률 상승은 1960년대 후반 중학교 무시험제의 도입과 함께 중학교 학생 수의 확대로 이어졌다. 이러한 추세는 자연스럽게 고교 입학생의 증가로 이어져 1970년에 고등학교 진학률이 70%를 넘어섰으며, 1985년에 90.7%에 도달하였다. 나아가 2017년에는 진학률이 93.8%를 기록하면서 사실상 전 국민이 중등교육을 이수하는 상황에 이르렀다.

천보선·김학한(2012), 『신자유주의와 한국 교육의 진로』, 한울.

〈표 1-1〉중등학교 진학률 추세(1965~1985)

연도	초등학교 → 중학교(%)	중학교 → 고등학교(%)
1965	54.3	69.1
1970	66.0	70.1
1975	77.2	74.7
1980	96.8	84.5
1985	99.2	90.7

* 자료: 문교부(1989), 문교통계연보

대학교육의 확대와 보편화

우리나라의 대학교육은 초·중등교육과 마찬가지로 해방 이후 지속적으로 확대되어 왔다. 그러다가 1974년 고교평준화 이후 고등학교 진학률이 높아졌고, 이 여파로 1970년대 후반에 이르러서는 대학교육에 대한 폭발적인 요구가 나타났다. 대학교에 진학하려는 학생 수가 증가하게 되자 군사정부는 1980년 졸업정원제를 골자로 한 '7·30 교육개혁조치'를 단행하여 대학 정원을 확대하였다. 그 결과 1981년 대학 입학 정원이 10만 명 이상 증가하였으며 이러한 추세가 지속되면서 10년 후에는 이보다 2.3배가량 증가하였다. 1980년 60만 2,000명에서 1990년에는 대학 입학 정원이 149만 1,000명으로 늘어남으로써 우리나라 고등교육은 대중화의 관문을 통과하였다.

1995년 교육개혁위원회가 대학설립 준칙주의를 도입하여 대학 정원에 대한 통제를 사실상 해제하면서 고등교육은 두 번째 확대 국면을 맞이하였다. 대학설립 준칙주의 이전에는 4년제 대학은 총 정원 5,000명 기준으로 최소한 학교 부지 10만 평, 건물 3,000평, 교지 확보 비용을 뺀 재원 1,200억 원을 확보해야 인가를 받을 수 있었다. 그러나 준칙주의 이후에는 대학 모형에 따라 다양한 준칙을 두어 일정한 기준만 넘어서면 대학을 설립할 수 있게 되었다. 그 결과 1995년 273개교이던 대학(전문대학, 교육대학, 4년제 대학 포함)이 10년 후인 2005년에는 342개로 약 70개교가 증가하였다.

마틴 트로(Martin Trow)의 고등교육체제 이행 단계에 따르면 일반적으로 대학 입학률이 15%까지 진학할 경우에는 엘리트형, 15~50%가 되면 대중형, 50% 이상이면 보편적 단계에 진입한 것으로 구분하고 있다. 특히 보편형의 경우에는 만인의 권리로서 대학 진학 요건이 개방되며 국가적 차원에서 교육을 보장하게 된다.

〈표 1-2〉 고등교육의 발달 단계

고등교육의 단계	엘리트형	대중형	보편형
해당 연령 중 학생 비율	15%까지	15~50%까지	50% 이상
고등교육의 기회	소수자의 특권	상대적 다수의 권리	만인의 권리
대학 진학의 요건	제약적(가문이나 재능)	준제약적 (일정의 제도화된 자격)	개방적(개인의 선택 의사)
고등교육의 목적 및 주요 기능	인간 형성, 사회화, 엘리트·지배 계급의 정신과 성격의 형성	지식·기능의 전달, 분화된 엘리트 양성과 사회지도층 육성	새로운 넓은 경험의 제공, 산업사회에 적응할 국민의 육성

중등교육 팽창 이후 OECD 국가와 우리나라의 고등교육 입학률은 지속적으로 상승하여 단기 고등교육인 고등·직업학교를 제외하더라도 2002년 이후부터는 모두 보편화 단계에 진입하였다. 2000년 OECD 국가 평균과 우리나라 일반대학의 입학률은 45%이었는데, 2002년에는 각각 51%와 52%로 보편적 단계에 도달하였다.

심성보(1993), 「현대 한국 중등교육 정책의 역사적 평가」, 『한국 현대교육의 재평가』, 집문당.

김학한(2010), 『공교육과 SKY의 미래』, 한울.

마틴 트로(Martin Trow), Problems in the Transition from Elite to Mass higher Education, OECD.

<표 1-3> 2000~2002년 고등교육 입학률(%)

		2000	2001	2002
단기 고등교육	OECD	15	15	16
	대한민국	50	55	58
일반대학	OECD	45	47	51
	대한민국	45	49	52

* 「OECD 교육지표 2002~2004」

이후에도 고등교육은 지속적으로 확대되어 〈표 1-4〉에서 보는 것처럼 2019년 OECD 국가의 일반대학 진학률은 53%에 이르렀다. 우리나라의 경우에도 2019년에 일반대학 진학률이 57%로 높아졌으며, 여기에 단기 고등교육까지 더할 경우 우리나라 고등교육 입학률은 89%에 이르러 일부 학생의 중복 입학을 고려하더라도 사실상 대부분의 국민들이 고등교육을 받는 상황이 되었다.

<표 1-4> 2015~2020 고등교육 입학률 (%)

		2015* (2013)	2016 (2014)	2017 (2015)	2018 (2016)	2019 (2017)	2020 (2018)
단기 고등교육	OECD	-(-)	16(10)	13(9)	13(9)	15(10)	- (10)
	대한민국	34(-)	33 (-)	32(-)	32(-)	32(29)	- (28)
일반 고등교육	OECD	55(45)	54(45)	52(43)	53(45)	**53**(45)	- (44)
	대한민국	55(-)	56 (-)	56(-)	56(-)	**57**(56)	- (56)
합계	OECD				66	68	- (56)
	대한민국				88	89	- (84)

* ( ) 25세 미만, 국제학생 제외, -는 자료 없음

5) 「OECD 교육지표 2015~2020」 재구성.

이와 같은 대학교육의 확대에는 앞에서 살펴보았던 것처럼 산업상의 요구와 평등과 복지에 대한 국민들의 요구가 자리 잡고 있다. 유럽의 여러 나라들은 이러한 국민들의 요구에 부응하여 대학까지 무상교육제도를 완성하였다. 비록 1980년대 후반 신자유주의가 진행되면서 유럽 국가에서 고등교육에 대한 예산 지원이 삭감되고 개인 부담 교육비가 생겨나고 있지만, 여전히 국가가 대부분의 고등교육 재정을 책임지고 있다. 또한 직업교육을 활성화하고 대학교육을 엘리트 교육으로 위치시켰던 독일 등에서도 고등교육 진학률이 지속적으로 높아지고 있다. 이와 같이 고등교육이 확대되고 국제교류가 증가함에 따라 유럽의 나라들은 대학교육을 체계화하기 위해 1999년에 볼로냐 프로세스를 채택하였다. 볼로냐 프로세스는 영국, 프랑스, 독일, 이탈리아 등 유럽연합(EU) 소속 4개 국가가 이탈리아 볼로냐에 모여 2010년까지 단일한 대학 제도를 설립하여 유럽 대학들의 국제 경쟁력을 높이자는 취지로 만든 프로그램인데, EU에 속하지 않은 국가들도 참여해 회원 수가 47개국으로 늘었다.

고등교육 입학률의 상승은 고등교육 이수율도 꾸준히 끌어올려 2019년에 50%에 도달하는 등 입학뿐만 아니라 이수의 측면에서도 보편화 단계에 도달하였다.

〈표 1-5〉 OECD 국가의 고등교육 이수율(%)

	1997	2000	2005	2010	2011	2012	2013	2014	2015	2016	2017	2018	2019
고등교육 이수율(%)	19.8	23.9	31.6	39.7	40.4	41.7	43.1	44.6	45.5	46.9	47.7	49.9	50.0

* 출처: OECD, 「OECD Education at a Glance」
* 자료: 「OECD Education at a Glance」 각 연도

주석: 1) 고등교육 이수율은 25~64세 인구 중 고등교육 이수자의 비율임

보편적 교육으로서의 대학

앞으로도 대학교육의 확대는 지속될 것으로 전망된다. 그것은 사회적 생산의 고도화에 따른 사회경제적 요구와 인간의 전면적 발달에 대한 인간의 기본권적 요구가 결합될 것이기 때문이다.

첫째, 과학기술 발전과 정보화의 진전을 바탕으로 한 생산력의 발전 경향은 지속될 것이다. 발달된 생산력을 유지하고 지속시키기 위해서는 고등교육의 확대가 필요하다. 대학은 전문적인 이론과 기술을 배워 산업현장으로 진출할 노동력을 양성하고 학문과 이론 교육을 통해 대학원과 연구소에서 연구 활동을 수행할 연구 인력을 준비하는 교육기관이기 때문이다. 더욱이 고등교육 이수자와 미이수자 간의 임금 격차가 유지되는 상황에서 고등교육에 대한 대중적 요구는 지속될 수밖에 없다. 「2020 OECD 교육지표」 보고서에 따르면 모든 OECD 회원국에서 임금 차이는 후기 중등교육과 그 미만의 이수자 간 차이보다 고등교육 이수자와 후기 중등교육 이수자 간에서 더 크게 나타났다. OECD 회원국 평균을 보면 고등교육을 이수한 25~64세 전일제 근로자의 임금은 후기 중등교육 이수자보다 54% 높게 나타났다.

둘째, 인공지능 발전과 로봇을 통한 생산 자동화의 진전은 인간의 노동시간 단축과 더욱 많은 여가 시간 확보로 전개될 것이다. 당장은 고용 축소, 실업 증가라는 노동의 위기로 현상화되고 경제적 불평등 심화로 나타날 가능성이 높지만 노동시간 단축은 인간의 다방면의 능력을 발달, 심화시킬 수 있는 교육 기간 확대로 전화될 수 있다. 교육 기간 확대는 먼 미래의 일이 아니며 중등교육을 넘어서서 고등교육을 이수하는 것도 이미 현재적 과제로 다가오고 있다.

특히 대학은 전문적 지식의 습득뿐만 아니라 학문과 연구 활동을 통해 학생들이 개념적 사고를 숙달하고 합리적 판단을 가능하도록 한다. 개념적 사고는 사회생활을 주체적으로 할 수 있는 핵심적인 정신기능으로 대학교육을 통한 학문적 사고와 체계적 탐구활동 등을 통해 숙달되고 확립될 수 있다. 개념적 사고는 민주적 시민의 핵심적 자질로 민주적인 사회로 가는 핵심적인 고등정신기능이기도 하다.

최근 OECD는 DeSeCo(Definition and Selection of Competency) 프로젝트에 이어 2015년부터 「교육 2030」 연구를 진행하고 있는데, OECD의 〈교육 2030 보고서〉는 학생을 주체적인 행위자로서 정립하는 것을 교육의 핵심적인 목표로 설정하고 있다. OECD의 〈교육 2030 보고서〉는 학생들이 행위주체성을 갖추기 위해서는 폭넓은 지식과 함께 학문적인 지식을 갖출 것을 요청하고 있다. 폭넓은 지식은 융합적 사고를 할 수 있는 기반이 되며, 학문적인 지식은 기초적인 개념 정립을 넘어서서 개념적 사고를 형성하고 발달시킬 수 있다. 학생들이 주체적인 행위자로서 살아가기 위해서는 개념적 사고가 필요한데, 바로 고등교육의 학문적 지식과 연구 활동을 통해 개념적 사고를 숙달할 수 있다. 이렇게 보면 OECD의 〈교육 2030 보고서〉는 학생들의 행위주체성을 확보하기 위해 중등교육의 내실화와 함께 학문적인 지식을 습득하는 대학교육의 확대와 보편화를 요청하고 있다고 할 수 있다.

「2020 OECD 교육지표」, 113쪽.

OECD(2018), 「Education 2030」.

: 한국 대학의 당면 문제와 과제

우리나라 대학은 지속적으로 양적 확대를 이루었다. 대학 수도 늘어나고 25~34세의 고등교육 이수율은 70% 정도로 고등교육의 보편화 단계에 있다. 그러나 우리나라 대학은 전반적으로 본질적인 존재 가치를 상실하고 생존력도 부실한 상태이다. 일반대학과 전문대학 간 위상 혼란 등 각 대학은 정체성을 상실하였고, 교육 여건의 질은 매우 낮다. 한마디로 대학의 생명력이 약화되었다.

이러한 현상은 대학들이 재정의 상당 부분을 학생 등록금에 의존하면서 외형 확장과 생존에 집중했기 때문이지만 좀 더 근본적인 원인은 정부의 잘못된 대학 정책에서 비롯되었다. 그동안 정부는 대학설립 준칙주의 등 규제를 완화하여 대학의 양적 팽창을 촉진하면서 동시에 무분별한 시장논리를 적용하였다. 정부의 대학 예산은 빈약하였으며, 그나마도 불합리한 대학 평가를 바탕으로 대학을 등급화하여 재정 지원을 특정 대학에 집중·차별하며 대학서열을 강화시켰다. '저지원·고비용·저효과' 재정 지원 정책으로 대학의 부실화를 초래하고 학벌사회를 강화시켰던 것이다.

이제 한국 대학의 당면한 과제는 '고지원·저비용·고효과'의 재정 지원 정책으로 대전환하는 것이다. 즉, 대학무상화를 실현하고 이를 바탕으로 각 대학의 교육·연구 여건의 질적 수준을 상향 평준화하는 것이다. 이를 통해 대학의 공공성을 회복시키고 생명력을 강화해야 한다.

대학의 생명력 약화와 정체성 상실

국제경영개발원(IMD)에서 발표한 대학교육 경쟁력 순위는 우리나라 대학의 약한 생명력을 잘 보여 준다. 〈표 1-6〉을 보면 한국의 대학교육 경쟁력 순위는 계속해서 하위권에 머무르고 있다. 2008년에는 55개국 중 53위로 최하위권에 해당하였다. 2007년, 2011년, 2015년에는 39위와 38위로 순위가 조금 상승했지만 2019년에는 다시 63개국 중 55위가 되었다. 더욱이 대학교육 경쟁력은 국가 경쟁력 순위와 교육 경쟁력 순위보다 낮아 대학의 공적 기능이 떨어지고 있음을 여실히 보여 준다.[8][9]

현재 우리나라 대학의 생명력 약화는 전반적으로 대학의 정체성 상실과 관련되어 있다. 그리고 이러한 현상의 핵심적 요인 중 하나로 대학이 자체의 학문적 발전을 추구하기보다는 취업률 등을 이유로 손쉽게 전문대학의 학과로 영역을 확장한 것을 들 수 있다.

우리나라 고등교육은 대학과 전문대학(고등직업교육)이 주로 담당하고 있다. 2020년 주요 고등교육기관 수와 학생 수에서 일반대학은 191개교(49.6%)와 1,981,003명(63.7%)으로 가장 큰 비중을 차지하고 있고, 전문대학이 137개교

---

[8] 박성현(2019. 10. 8), 「추락하는 대학교육 경쟁력, 이대로 방치할 것인가」, 〈미래한국〉.

[9] 교육 경쟁력을 평가하는 지표는 크게 교육 여건과 교육 성과이고, 교육 여건에는 전임교원 1인당 학생 수, 전임교원 1인당 연구비, 학생 1인당 교육비이고, 교육 성과로는 전임교원 1인당 국제학술지 연구 실적, 학생 중도탈락 현황, 졸업생의 취업 현황 등임.

〈표 1-6〉 한국의 국제경영개발원(IMD)의 대학교육 경쟁력 순위

연도	전체 참여 국가 수	경쟁력 순위		
		국가	교육	대학교육
2005	51	27	40	43
2006	53	32	42	41
2007	55	29	29	39
2008	55	31	35	53
2009	57	27	36	51
2010	58	23	35	46
2011	59	22	29	39
2012	59	22	31	42
2013	60	22	25	41
2014	60	26	31	53
2015	61	25	32	38
2016	61	29	33	55
2017	63	29	37	53
2018	63	27	25	49
2019	63	28	30	55

(35.6%)와 621,772명(20%)으로 다음으로 높은 비중을 차지하고 있다. 이렇듯 가장 높은 비중을 차지하는 일반대학이 전반적으로 정체성을 상실하면서 한국 대학 전체의 정체성 혼란을 야기하고 있다.

「고등교육법」 제28조(목적)는 "대학(일반대학)은 인격을 도야하고, 국가와 인류사회의 발전에 필요한 학술의 심오한 이론과 그 응용 방법을 교수·연구하며, 국가와 인류사회에 공헌함을 목적으로 한다"라고 명시하고 있다. 또한

교육부 보도자료(2020. 8. 27), 「2020년 교육기본통계」 결과 발표. 「고등교육법」이 아닌 개별 법률에 따라 설치된 고등교육기관이 일반대 5개교, 전문대 1개교 포함되어 있음.

「고등교육법」제47조(목적)는 "전문대학은 사회 각 분야에 관한 전문적인 지식과 이론을 교수·연구하고 재능을 연마하여 국가 사회의 발전에 필요한 전문 직업인을 양성함을 목적으로 한다"라고 하였다.

그러나 상당수 일반대학의 경우 「고등교육법」상 일반대학의 고유한 목적을 효과적으로 실현하기보다는 전문대학의 인기 학과를 모방하여 개설하고 학사 운영을 취업 위주로 하였음이 여러 자료에 나타나고 있다. 〈표 1-7〉은 2000년 이후 4년제 대학들이 전문대학이 원조라 할 수 있는 전공학과(학부 및 전공 포함)들을 신설, 운영하고 있는 실태를 나타내고 있다. 이에 따르면 2000년 이후 전문대학의 유사 학과를 설치하는 대학이 해마다 증가하고 있다. 2000년에는 9개 대학에서 10건이 설치되었는데, 2006년에는 19개 대학, 38건에 달했다. 특히 조사 대학 103개교 가운데 2000년 이후 전문대학 유사 학과를 신설한 대학은 모두 45개교에 달해 4년제 대학의 절반 가까이가 전문대학 유사 학과를 새롭게 설치했음을 알 수 있다.

〈표 1-7〉 2000년 이후 대학의 전문대학 유사 학과(부) 및 전공 설치 현황

(단위: 대학 수, 건)

연도	연도별 추이							전체 개괄	
	2000년	2001년	2002년	2003년	2004년	2005년	2006년	대상 대학 수(A)	103교
설치 대학 수	9	4	5	13	15	13	19	해당 대학 수(B)	45교
신설학과(부) 및 전공 수	10	6	7	20	25	16	38	비율 (B/A)	43.70%

* 1. 조사 대상 대학: 103개 사립 일반대학 및 산업대학.
* 2. 전문대학의 일반대학으로의 전환 또는 통폐합으로 인한 신설 및 기존 전공의 학부 통합, 단순한 명칭 변경 등의 경우는 제외. 단, 신설 사유에 구체적 내용을 기재하지 않은 경우는 모두 포함했으며 학부 분리 및 전공 신설, 야간의 주간 전환, 학부에서 학과로의 독립 등의 경우 포함함.
* 3. 전문대학 유사 학과 기준: 한국교육개발원, 2004 학과(전공) 분류 자료집 및 윤여송 외(2005), 「전문대학 교육혁신을 위한 실천 방안」, 한국전문대학교육협의회, 80쪽 참조 설정.

〈표 1-8〉은 한국대학교육연구소에서 제시한 자료 로서, 일반대학의 전문 대학 유사 학과 신설이 급격히 증가하고 있음을 보여 준다.

〈표 1-8〉 4년제 대학의 전문대학 유사 학과 신설 현황

연도	1990년 이전	1991~ 1995년	1996~ 2000년	2001~ 2005년	2006~ 2010년	합계
신설 수	5	4	35	54	94	201

* 204곳 중 신설 연도를 알 수 없는 3곳은 제외(자료: 한국대학교육연구소)

유은혜 전 국회의원의 2014년 국정감사 정책자료집에 따르면 2004년에 43개 일반대학에서 전문대학 관련 학과 80개를 설치했는데, 2015년에는 108개 일반대학에서 전문대학 관련 학과 303개 학과를 설치했다. 2015년 이후에는 더 많은 일반대학이 전문대학 관련 학과를 설치했을 것으로 보인다.

결국 대학서열상 전문대학보다 높은 지위를 확보하면서 취업 위주의 학과 개설을 통해 학생 모집을 증가시키겠다는 것이다. 이처럼 일반대학들이 전문대학의 실무 영역을 특성화 방향으로 잡는 것은 본래의 목적을 망각한 무원칙한 방법으로, 인기 학과 위주로 개편하면서 기초 학문의 토대를 무너뜨리는 결과를 가져왔다. 생존을 위해 일반대학으로서의 본연의 존재 가치를 저버렸던 것이다.

완전히 취업기관화되지는 않았다 하더라도, 그 존재 가치가 실추된 대학들도 많이 있다. 우리나라에서는 명문 대학이라고 일컬어지고 대학서열에서 상위권에 위치하고 있지만 논문의 질로 평가하는 세계 대학 순위에서는 하위권에 머물고 있는 경우가 그렇다. 서울대학교는 논문의 질을 기반으로 순위를 매기는 라이덴 랭킹 2020년 발표에서 평가 대상 1,176개교 중 818위이며, 고려대학교는 853위, 연세대학교는 910위였다. 한국 대학 중에서 상위

권 대학의 연구 기능이 세계 하위권에 위치한다는 것은 우리나라 일반대학의 질적 수준이 얼마나 낮은지를 보여 주는 것이다.

대학의 외형적 확장과 무분별한 시장논리

우리나라 대학의 존재 가치 상실과 약화는 대학의 무원칙한 외형적 확장 과정에서 나타났다. 대학 수도 늘어났지만 대부분의 일반대학이 학과와 입학 정원을 늘려 특성을 잃어버리고 종합대학화하면서 취업기관이 되어 버렸다.

〈표 1-9〉에서 보듯이 1995년 이후 대학 수가 급격히 늘어나 양적 팽창이 이루어진다. 대학 중에서도 일반대학 수가 지속적으로 늘어나고, 일반대학 중에서도 사립대학이 늘었다.[1]

1995년 이후 대학 수의 증가와 양적 팽창에는 1996년 도입되어 1997년부터 시행된 대학설립 준칙주의가 영향을 미쳤다. 대학설립 인가제의 근간이었던 1955년에 제정된 「대학설치기준령」을 폐지하고, 1996년에 대학설립 기준을 완화한 「대학설립·운영 규정」을 제정하였다. 이를 근거로 '대학의 설립 목적과 특성에 따라 일정한 설립 기준을 충족하면 자유롭게 설립할 수 있도록 한 제도'인 대학설립 준칙주의가 시행됨에 따라 대학의 설립이 가파르게 증가하였다. 대학설립 준칙주의를 도입하던 시점에는 학령인구가 늘어나

---

[1] 한국대학교육연구소(2011), 「4년제 대학의 전문대학 유사 학과 신설 현황」.

[2] 유은혜 의원(2014. 10), 「전문대학 10년의 변화와 박근혜정부 전문대학 정책 진단」, 2014년 국정감사 정책자료집, 29~31쪽.

[3] http://www.veritas-a.com/news/articleView.html?idxno=33125

[4] 한국교육개발원·교육부(교육과학기술부), 「교육통계연보」, 각 연도.

(단위: 대학 수, %)

구분	국공립대						사립대					합계
	일반	교육	산업	전문	소계	비율	일반	산업	전문	소계	비율	
1995년	26	11	9	8	54	17.8	105	8	137	250	82.2	304
2000년	26	11	8	16	61	17.5	135	11	142	288	82.5	349
2005년	26	11	8	14	59	16.4	147	10	144	301	83.6	360
2010년	27	10	4	9	50	14.5	152	7	136	295	85.5	345
2017년	34	10	0	9	53		154	2	129	285		338
2020년	34	10	0	9	53	15.9	157	2	128	287	84.1	340
증감	8	-1	-9	1	1		52	-6	-10	36		36

* 2017년 국공립 전문대학에는 「고등교육법」이 아닌 개별 법률에 따라 설치된 전문대학 1개교 포함

고 있어 설립 규제를 완화하여 교육에 대한 높은 사회적 수요에 부응하고자 했던 것이다.

대학설립 준칙주의를 도입한 것은 설립에 대한 규제를 완화하는 대신에 자율과 경쟁이라는 시장논리를 적용하여 질적 수준이 떨어지는 대학을 자연스럽게 도태시켜 대학의 질을 담보하겠다는 취지였다. 그러나 예상한 것처럼 우수 대학이 늘어나고 소위 '부실 대학'이 도태되는 선순환구조는 형성되지 않았다. 오히려 대학설립 준칙주의가 시행된 이후 설립된 대학들에서 부실 대학이 많이 나타났고, 설립 당시의 '대학의 설립 목적과 특성'도 지켜지지 않았다. 대학설립 준칙주의 도입 이후 설립된 일반대학 52개교 가운데 7개교는 폐교되었으며, 5개교는 타 대학과 통합했다. 또 13개교는 2011~2015학년도의 재정 지원 제한 대학, 학자금 대출 제한 대학, 경영 부실 대학 등에 선정되었다. 이렇게 볼 때 대학설립 준칙주의 도입 이후 설립된 일반대학 52개교 가운데 25개교(48.1%)는 부실하게 운영되거나 아예 문을 닫았으며, 다른 대학과의 통합으로 특성이 희석되었다.

한편 참여정부 이후부터 정부는 대학 정원 감축과 구조조정에 적극 개입하였다. 참여정부에서는 학령인구가 감소함에 따라 대학 구조개혁 추진 계획을 수립해 국립대학에 대해서는 의무적으로 정원을 감축하도록 하고 통폐합을 단행했으며, 사립대학에 대해서는 대학 구조개혁 재정 지원 사업과 구조개혁 선도대학 지원 사업을 통해 정원 감축을 유도했다. 이명박정부는 '교육환경과 시대의 변화에 따라 산업대학의 필요성이 약화'되었다는 이유로 일정 요건만 갖추면 산업대학을 일반대학으로 전환할 수 있도록 「대학설립·운영규정(2008. 9. 23)」에 특례를 신설했다. 일반대학을 늘리는 대학 구조 개혁이었던 것이다. 그 결과 2009년 이후 산업대학은 대거 일반대학으로 전환하였다.

대학설립 기준의 완화

대학설립 준칙주의 시행 이후 대다수 대학들의 존재 가치가 상실·약화된 것은 대학설립 인가제에 비해 설립 기준이 완화되었기 때문이다. 대학설립 인가제에서는 교지, 교사, 수익용 기본 재산, 도서, 기숙사, 실험 실습비 및 교재 교구 확보 기준을 명시했던 것이 대학설립 준칙주의에서는 교지, 교사, 교원, 수익용 기본재산의 최소한의 확보 기준만 제시하는 것으로 약화되었다.

〈표 1-10〉을 보면 1995년과 2000년 사이에 전반적인 교육 여건이 떨어졌

김태년 의원(2015. 9), 「5·31 교육개혁 실태 진단-고등교육 주요 정책 중심으로」, 2015년 국정감사 정책자료집, 11쪽.

위의 자료, 9~11쪽.

위의 자료, 11쪽.

위의 자료, 14쪽.

유기홍 의원(2013), 「대학 구조개혁 정책 평가와 전환」, 2013 정책자료집, 16쪽.

고, 그 이후 조금씩 개선되는 것으로 나타난다. 그렇지만 〈표 1-10〉에 나타나지 않은 대학 설립 인가제에서 적용했던 「대학설치기준령」의 다양한 구체적인 기준까지 고려한다면 결코 개선되었다고 할 수 없다. 특히 실질적으로 교원의 신분이 불안정해지고, 근로조건이 열악해졌음에도 〈표 1-10〉에서는 2005년 교원확보율이 2000년에 53.1%로 떨어졌다가 그 이후 조금씩 높아져서 개선된 것처럼 보인다. 하지만 이는 2002년부터 시행된 계약임용제로 인한 착시 현상이다. 즉, 계약임용제 시행 이후 많은 대학에서 단기 계약과 저임금으로 신분이 불안정한 '비정년 트랙' 전임교원을 늘렸던 것이다. 심지어 계약임용제 도입 초기에는 계약 기간이 만료되면 당연 퇴직하는 교원으로 간주하여 많은 대학에서 교원들을 퇴직시키기도 했다. 더욱 심각한 것은 〈표 1-11〉에서 보듯이 매년 전임교원 신규 임용 중 비정년 트랙 전임교원의 비율이 늘어나고 있을 뿐만 아니라, 이미 신규 임용에서 차지하는 비율이 정

〈표 1-10〉 1995년 이후 교육 여건 변동 추이

구분	1995년	2000년	2005년	2010년	2014년
교원 확보율(%)	74.5	53.1	57.8	63.7	68.5
교지 확보율(%)	177.2	175.8	183.9	201.5	203.3
교사 확보율(%)	102.5	70.9	94.5	117.7	129.1
수익용 기본재산 확보율(%)	37.8	49.6	50.1	50.7	46.6
학생 1인당 실험실습비(천 원)	65	86	138	154	163
학생 1인당 기자재 구입비(천 원)	247	326	349	332	283
학생 1인당 도서 구입비(천 원)	71	81	91	106	108

* 1. 사립 일반대 대상(교원, 교지, 교사, 수익용 기본재산 확보율은 산업대 포함)
* 2. 교원: 전임교원 대상(의학계열 제외, 2000년 교원 통계는 2003년 기준)
* 3. 교지, 교사: 2000년 교지, 교사 통계는 2001년 기준
* 4. 수익용 기본재산: 1995년 수익용 기본재산 통계는 1997년 기준
* 5. 학생 수: 재학생 수(학부+대학원)
* 6. 2005년, 2010년, 2014년 교비회계+산단회계 기준
자료: 대학교육연구소(2015), 「대교연 기본 통계」, 2013~2015 교육부 국정감사 자료.

년 트랙 전임교원보다 더 많아졌다는 것이다.[200]

〈표 1-11〉 사립대학 전임교원 신규 임용 현황(2011~2015년)

(단위: 명, %)

구분	정년 트랙 전임교원		비정년 트랙 전임교원		계 (C=A+B)
	인원(A)	비율(A/C)	인원(B)	비율(B/C)	
2011(D)	976	54.3	822	45.7	1,798
2012	851	45.7	1,011	54.3	1,862
2013	921	47.9	1,002	52.1	1,923
2014(E)	895	43.6	1,159	56.4	2,054
2015	669	43.4	874	56.6	1,543
증감(E-D)	-81	-10.7	337	10.7	256
증가율((E-D)/D)	-8.3		101		14.2

* 1. 대상 대학: 4년제 사립대학 77교(자료 미비로 1교 제외)
* 2. 2015년은 1학기 신규 임용 인원 기준

무분별한 시장논리와 구조조정

정부가 대학설립 준칙주의를 도입한 것은 「대학설립·운영규정」을 적용하는 대신 대학의 자율과 경쟁을 통해 대학의 존재 가치와 질을 높이겠다는 취지였다. 그렇다면 적어도 헌법이 규정하고 있는 교육제도 법률주의를 지키는 가운데 자율과 경쟁이 이루어지도록 했어야 했다.[201] 그러나 이러한 교육제도 법률주의를 무시하면서 완화된 「대학설립·운영규정」보다 더 낮은 수준의 기준을 적용하는 정책을 연이어 도입했다.[202]

[200] 김태년 국회의원실 보도자료(2015), 「최근 5년(2011~2015년) 사립대학 비정년 트랙 전임교원 현황」.

[201] 헌법 제31조 제4항에서 "교육의 자주성·전문성·정치적 중립성 및 대학의 자율성은 법률이 정하는 바에 의하여 보장된다"라고 하고, 헌법 제31조 제6항에서 "학교교육 및 평생교육을 포함한 교육제도와 그 운영, 교육재정 및 교원의 지위에 관한 기본적인 사항은 법률로 정한다"라고 하여 교육제도 법률제도를 명시하고 있다.

대표적으로 대학정원 자율화 정책을 들 수 있다. 즉, 1997년에는 교원과 교사 확보율 70% 이상이면 정원 자율화 대학으로 선정했다. 이후 기준이 여러 차례 바뀌긴 했으나 법정기준보다 낮은 여건의 기준을 제시하고 이를 충족하면 정원 책정에 자율권을 부여하는 '교육 여건 연동제'라는 대학 정원 자율화 정책을 2014년까지 유지했다. 그 결과 '교육 여건 연동제' 도입으로 대학 정원이 크게 증가해서, 〈표 1-12〉에서 보듯이 1995년 당시 49만 8,250명이었던 대학 입학 정원은 2002년 65만 6,783명으로 15만 8,533명이 늘었다. 7년 만에 1995년 입학 정원의 약 1/3이 증가한 것이다. 대학의 수를 늘리는 것에 그치지 않고 입학 정원을 늘리는 대학의 양적 팽창을 추진했던 것이다.

〈표 1-12〉 1995년 이후 고등교육기관 유형별 입학 정원 증감 현황

(단위: 명)

연도	대학	교육대학	산업대학	전문대학	계
1995	253,180	4,980	24,620	215,470	498,250
2002	324,309	4,855	34,445	293,174	656,783
2005	321,107	6,015	29,899	266,090	625,541
2010	327,624	4,499	16,407	223,312	571,842
2012	341,908	3,583	2,838	209,324	557,653
2014	340,586	3,583	2,815	192,777	539,161

그러나 얼마 지나지 않아 학령인구가 급감함에 따라 대학 정원을 감축해야 하는 상황에 직면하게 되었다. 참여정부는 정권 초기인 2003년부터 사립대학이 절대다수를 차지하는 상황에서 오히려 국립대학을 중심으로 정원을 감축하고 통폐합을 단행했다. 이명박정부는 정부 재정 지원 제한 대학 선정과 이에 따른 부실 사립대학을 폐교시키는 정책으로 정원을 감축했

다. 노무현정부에서 7만 1,179명(200년 대비 2008년)의 정원을, 이명박정부에서 3만 4,649명(2009년 대비 2013년)의 정원을 감축했다. 박근혜정부 역시 이명박정부의 정원 감축 정책의 기조를 유지하며 2023년까지 총 16만 명의 입학 정원을 감축한다는 목표를 세웠었다. 즉, 정부가 개입하여 대학의 정원 감축을 진행했던 것이다. 박근혜정부는 2013년 「고등교육 종합발전방안(시안)」을 발표하면서 "대학설립 준칙주의를 폐지하여 대학설립을 억제한다"는 입장을 밝히고 대학설립 심사·요건을 강화하겠다고 했다.[25] 대학 정원과 관련하여 정부 스스로 대학설립 준칙주의와 시장논리를 부정하기에 이른 것이다.[26]

또한 정부 주도의 대학평가와 정부 재정 지원 사업에서도 교육제도 법률주의를 무시하면서 완화된 「대학설립·운영규정」보다 더 낮은 수준의 기준을 적용했다. 시장논리를 표방했던 김영삼정부에서 정부 스스로 시장논리에 반하는 대학평가와 재정 지원 방안을 연계하기 시작했다. 물론 정부가 대학에 대해 재정 지원을 하는 것은 「고등교육법」 제7조(교육재정)에서 "국가와 지방자치단체는 학교가 그 목적을 달성하는 데에 필요한 재원을 지원하거나 보조할 수 있다"라는 규정에 따르는 것이어서 바람직하다. 그러나 규제 완화와 시장논리(대학의 자율과 경쟁)를 내세웠던 정부가 정부 재정 지원과 연계하여 정부 주도의 획일적인 대학평가를 하면서 대학의 자율성에 영향력을 미치고, 「대학설립·운영규정」이 있음에도 이보다 더 낮은 수준의 평가 기준을 적용했다는 점은 교육제도 법률주의를 무시한 것이었다.

22) 김태년 의원(2015), 앞의 자료, 41쪽.

23) 김태년 의원(2015), 앞의 자료, 13쪽.

24) 기준이 조금씩 상향 조정되어 2007년에 와서야 비로소 「대학설립·운영규정」상의 정원 증원 기준과 정원 조정 지침상의 정원 책정 기준이 일치하게 됐다.

25) 교육부(2013), 「고등교육 종합발전방안(시안)」, 11쪽.

26) 김태년 의원(2015), 앞의 자료, 39쪽.

그 결과 정부 주도의 대학평가는 대학의 질을 떨어트렸다. 대표적으로 〈표 1-10〉에서 보았듯이 교원확보율이 여전히 70% 정도에 머물고 있는 것은 교원 확보율 평가 항목의 기준이 「대학설립·운영규정」에서 규정한 기준보다 낮기 때문이다. 「대학설립·운영규정」 제6조(교원) 제1항은 "대학은 편제 완성 연도를 기준으로 한 계열별 학생 정원을 별표 5에 따른 교원 1인당 학생 수로 나눈 수의 교원을 확보해야 한다"라고 되어 있고, 「대학설립·운영규정」의 별표 5의 교원 산출 기준은 〈표 1-13〉과 같다. 여기서의 교원 산출 기준은 OECD 국가의 평균 15명(교원 1인당 학생 수)과 비교하면 낮은 기준임에도 이보다 더 낮은 수준을 평가 기준으로 적용했던 것이다. 〈표 1-14〉에서 보듯이 2006년에는 한국의 교수 1인당 학생 수는 OECD의 두 배가 넘었다.

〈표 1-13〉 「대학설립·운영규정」상 교원 산출 기준

계열별	인문·사회	자연과학	공학	예·체능	의학
교원 1인당 학생 수(명)	25	20	20	20	8

〈표 1-14〉 2006년 교수 1인당 학생 수

국가	프랑스	일본	영국	미국	한국	OECD
학생 수(명)	17.6	11	18.2	15.2	37.8	14.9

불합리·불공정한 재정 지원에 따른 대학서열의 고착화

무분별한 시장논리에 따른 불합리·불공정한 재정 지원으로 대학서열은 고착화되었다. 즉, 정부 주도의 대학평가와 재정 지원 사업으로 특정 대학에 재정 지원을 많이 해서 대학을 등급화하고 서열을 강화했다. 즉, 시장논리에 따라 대학 자율과 경쟁을 표방하면서도 오히려 정부가 기울어진 운동장을

고착화하는 형태로 대학평가를 하고 대학서열에 따라 재정을 차별적으로 지원했던 것이다.

예를 들어 2004년과 2014년의 일반대학에 대한 재정 지원 사업을 살펴보면 상위 20개 대학들이 교육 및 연구 중심 재정 지원 사업에서 차지하는 비중은 2004년 55.0%에서 2014년 57.8%로 높아져 60%에 육박했다. 상위 20개 대학이 재정 지원을 독식했던 셈이다. 상위 20개 대학은 10년간 크게 달라지지 않았다. 그런가 하면 〈표 1-15〉에서 보면 2011년 전체 일반대학 중 80% 이상을 차지하는 사립 일반대학에 대한 지원 비율은 28.21%에 머물고 있다.

〈표 1-15〉 전체 대학 대비 일반대학 재정 지원 현황

(단위: 백만 원)

연도별	전체 대학 지원액	일반대학(국·공·사립 전체)		사립 일반대학	
		지원액	전체 대학 대비 지원 비율(%)	지원액	전체 대학 대비 지원 비율(%)
2011	6,726,833	6,233,864	92.67	1,897,430	28.21
2010	5,618,357	4,317,424	76.84	1,438,009	25.59
2009	5,446,474	4,235,157	77.76	1,274,286	23.4
2008	4,517,366	3,589,923	79.47	1,019,775	22.57
2007	3,795,031	3,173,792	83.63	846,487	22.31

* 전체 대학: 대학, 대학원대학, 전문대학, 사이버대학, 특수대학 등(해외 대학, 평생교육원 및 학점은행제 제외)

특정 대학에 대한 지원의 집중 현상은 최근에도 나타나고 있다. 〈표 1-16〉은 2019년 교육부 및 교육부 외 타 부처의 대학 재정 지원이 상위 10개 대학에 집중되었음을 보여 준다. 특히 교육부 외 타 부처의 지원액에서 집중도

ㄴ 교육부(2013), 「전문대학 육성방안」, 46쪽.

현상이 두드러진다. 교육부 지원의 경우 상위 10개 대학 지원액은 교육부 전체 지원액의 24.2%를 차지하고 있는 반면, 교육부 외 타 부처 지원의 경우 상위 10개 대학은 교육부 외 타 부처 전체 지원액의 41.3%를 차지하고 있다. 더욱이 교육부 지원의 경우 상위 10개 대학 중 지방 국립대가 다수 포함되어 있지만 교육부 외 타 부처 지원의 경우 상위 10개 대학 중 지방 대학 수가 더 적음을 알 수 있다.[28]

〈표 1-16〉 2019년 교육부 및 교육부 외 타 부처 대학 재정 지원(일반 지원) 상위 10개 대학

(단위: 백만 원, %)

교육부				교육부 외 타 부처			
대학명	소재지	금액	비율	대학명	소재지	금액	비율
서울대	서울	98,153	3.9	서울대	서울	272,487	9.9
연세대	서울	70,438	2.8	연세대	서울	178,124	6.5
성균관대	서울	63,970	2.6	고려대	서울	148,610	5.4
고려대	서울	62,985	2.5	성균관대	서울	110,575	4.0
부산대	부산	62,215	2.5	한양대	서울	79,339	2.9
경북대	대구	58,592	2.4	부산대	부산	78,719	2.9
전남대	광주	53,284	2.1	포항공대	경북	77,377	2.8
전북대	전북	46,450	1.9	경북대	대구	66,902	2.4
충남대	충남	45,348	1.8	경희대	서울	63,368	2.3
강원대	강원	41,628	1.7	한국기술교대	충남	60,339	2.2
소계		603,063	24.2	소계		1,135,841	41.3
전체		2,487,108	100	전체		2,750,961	100

* 1. 학자금 지원, 국공립 경상비 지원 제외
* 2. 전체: 교육부 소관 4년제 대학 198개교 및 전문대학 136개교 대상 지원액
* 3. 본교와 분교 분리

또한 지방 대학보다 수도권 대학에 더 많이 지원되는 현상도 나타나고 있다. 〈표 1-17〉은 교육부와 교육부 외 타 부처의 지원에서 수도권 대학의 대학당 지원액이 지방 대학의 대학당 지원액보다 많음을 보여 준다. 특히 타 부처 지원의 경우 수도권 대학은 대학 수는 116개교로 지방 대학 218개교보다 적지만, 지원액에서는 1조 5,883억 원으로 지방 대학 지원액 1조 1,687억 원보다 많고, 대학당 지원액에서는 136억 원으로 지방 대학 지원액 54억 원의 3배 수준에 이르고 있다.[29]

〈표 1-17〉 2019년 교육부 및 타 부처 대학 재정 지원(일반 지원) 현황

(단위: 교, 백만 원)

구분	수도권			지방			전체		
	대학 수	금액	대학당	대학 수	금액	대학당	대학 수	금액	대학당
교육부	116	1,023,540	8,824	218	1,463,569	6,714	334	2,487,108	7,446
교육부 외 타 부처		1,582,273	13,640		1,168,688	5,361		2,750,961	8,236
전체		2,605,813	22,464		2,632,256	12,075		5,238,069	15,683

* 1. 학자금 지원, 국공립 경상비 지원 제외
* 2. 교육부 소관 4년제 대학 198개교 및 전문대학 136개교 대상
* 3. 본교와 분교 분리

일반대학과 전문대학 간의 재정 지원에서도 불합리성·불공정성이 지속되었다. 교육부 스스로도 2013년 7월 18일 「전문대학 육성방안」 자료에서 전문대학에 일반대학보다 매우 낮은 재정이 지원되었고, 그로 인해 강좌당 과밀한 학생 수, 기자재·교원 부족 문제를 초래하여 양질의 전문 인력 양성에 한계가 있다고 문제를 지적했다. 〈표 1-18〉을 보면 2011년 전체 대학 지원

[28] 대학교육연구소(2021), 「정부 대학 재정 지원 분석」, 『대교연 현안보고』 통권 22호.
[29] 대학교육연구소(2021).

액 중 일반대학 지원액 비율은 92.67%인 데 비해 전문대학 지원액 비율은
7.32%에 불과함을 알 수 있다.[50] 앞의 〈표 1-9〉에서 2010년 일반대학 179개
교, 전문대학 145개교로 일반대학과 전문대학 비율이 55.25%와 44.75%인
것과 비교해서 지원액 비율 차이가 매우 크다.

〈표 1-18〉 전체 대학 대비 일반대학과 전문대학 재정 지원 현황

(단위: 백만 원)

연도별	전체 대학 지원액	일반대학(국·공·사립 전체)		전문대학(국·공·사립 전체)	
		지원액	전체 대학 대비 지원 비율(%)	지원액	전체 대학 대비 지원 비율(%)
2011	6,726,833	6,233,864	92.67	492,785	7.32
2010	5,618,357	4,317,424	76.84	393,765	7.01
2009	5,446,474	4,235,157	77.76	375,170	6.89
2008	4,517,366	3,589,923	79.47	291,934	6.46
2007	3,795,031	3,173,792	83.63	210,169	5.54

　박근혜정부의 교육부는 학벌 중심 사회구조를 타파하고 산업구조와 기
술의 고도화에 맞추어 전문대학을 육성하겠다고 했지만, 실제 재정 지원은
크게 늘어나지 않았다.[51] 박근혜정부 이후 문재인정부에서도 큰 변화는 없
었다. 〈표 1-19〉의 2019년 정부 대학 재정 지원 현황이 잘 보여 주고 있다. 일
반대학은 일반 지원이 45.1%로 대학 재정 지원의 가장 큰 비중을 차지하고
있는 반면, 전문대학은 일반 지원 비중이 29.7%로 매우 낮음을 보여 준다.
금액 면에서도 전문대학 일반 지원은 4,661억 원으로 일반대학 일반 지원 4
조 7,720억 원의 10분의 1 정도에 불과하다.[52] 〈표 1-20〉을 보더라도 2020학
년도 학교 수에서 일반대학 58.2%, 전문대학 41.8%이고, 학생 수에서 일반
대학 76.1%, 전문대학 23.9%여서 학생 수를 고려하더라도 전문대학에 대한
지원액 비율이 대략 일반대학의 30% 이상 정도는 되어야 하는데, 매우 낮았

음을 알 수 있다.[30]

<표 1-19> 2019년 정부 대학 재정 지원 현황

(단위: 백만 원, %)

구분	학자금 지원		국공립 지원		일반 지원		합계	
	금액	비율	금액	비율	금액	비율	금액	비율
대학	2,707,568	25.6	3,100,808	29.3	**4,772,017**	45.1	10,580,393	100
전문대학	1,088,911	69.4	14,339	0.9	**466,052**	29.7	1,569,302	100
전체	3,796,479	31.2	3,115,147	25.6	5,238,069	43.1	12,149,695	100

* 1. 간접지원비 제외
* 2. 교육부 소관 4년제 대학 198개교 및 전문대학 136개교 대상

<표 1-20> 2020년 일반대학과 전문대학의 학교 수 및 학생 수 현황

(단위: 명)

구분	일반대학	전문대학
학교 수	191(58.2%)	137(41.8%)
학생 수	1,981,003(76.1%)	621,772(23.9%)

* 고등교육법이 아닌 개별법에 따라 설치된 일반대학 5개교, 전문대학 1개교 포함

이렇듯 전반적으로 낮은 정부 재정 지원비에서 그나마도 상위 일부 대규모 종합대학과 수도권 대학에 지원이 편중됨에 따라 대학서열이 강화되었다. 이는 대학의 교육·연구 여건에서 수준 차이가 나지 않도록 조절하는 상향 평준화와 상반되었을 뿐만 아니라 오히려 대다수 대학의 특성화·다양화를 저해했다.[31] 일반대학과 전문대학 간 재정 지원 차별화 역시 대학서열에

30) 교육부(2013), 「전문대학 육성방안」, 46쪽.
31) 교육부(2013), 「전문대학 육성방안」, 46쪽.
32) 대학교육연구소(2021).
33) 교육부 보도자료(2020), 「2020년 교육기본통계」 결과 발표.
34) 김태년 의원(2015), 앞의 자료, 28쪽.

따른 학벌 중심 사회구조를 강화했다.

고등교육의 공공성 빈곤 – '저지원·고비용·저효과' 재정 지원

대학 공공성의 약화와 '저지원·고비용·저효과'의 정부 재정 지원 정책이 대학의 생명력을 상실·약화시키는 주요 핵심 요인이다. 앞에서 정부 재정 지원이 특정 대학 중심, 수도권 대학 중심, 일반대학 중심으로 이루어진 현상을 지적했는데, 이나마도 정부 재정 지원 규모가 애초에 적은 상태에서 이루어졌다. 적은 지원액을 비합리적인 대학평가와 각종 사업에 분산적으로 지원하면서 대학의 본래적 존재 가치를 질식시키고 질을 하락시키는 부작용을 낳고 있다.

미약한 정부 재정 지원

대학에 대한 정부의 재정 지원이 매우 낮다는 것은 오래전부터 지적되었지만 여전히 개선되지 않고 있다. 〈표 1-21〉을 보면 고등교육에 대한 GDP 대비 공교육비에서 우리나라 정부 재원은 2016년 0.7%, 2017년 0.6%로 OECD 평균 2016년 0.9%, 2017년 1.0%보다 매우 낮음을 알 수 있다. 더욱이 2016년보다 2017년에 우리나라 정부 재원이 낮아진 반면, OECD는 높아졌다. 또한 〈표 1-22〉를 보면 학생 1인당 공교육비 지출액(2017년 회계연도 기준)에서 우리나라 고등교육 공교육비는 $10,633로 OECD 평균 $16,327에 훨씬 못 미치고 있다.[45]

고등교육에 대한 정부 재정 지원이 적은 현상은 우리나라 대학의 높은 등록금으로도 나타난다. 〈표 1-23〉을 보면 2018학년도 국공립대학의 연평균 등록금은 $4,886으로 자료 제출 국가 중 8번째로 높았으며, 사립대학은

<표 1-21> 고등교육에 대한 GDP 대비 공교육비

(단위: %)

구분	2016년 회계연도 기준			2017년 회계연도 기준		
	정부	민간	합계	정부	민간	합계
한국	0.7	1.1	1.7	0.6	1	1.6
OECD	0.9	0.5	1.4	1.0	0.4	1.4

<표 1-22> 학생 1인당 공교육비(2017년 회계연도 기준)

(단위: $)

구분	초등교육	중등교육	고등교육	초등~고등교육
한국	11,702	13,579	10,633	11,981
OECD 평균	9,090	10,547	16,327	11,231

$8,760으로 4번째로 높았다. 더욱이 2018학년도 국공립대학의 연평균 등록금은 2016학년도 대비 $174, 사립대학은 $341 증가했다.[56]

한편 〈표 1-24〉에서 보듯이 우리나라 고등교육 이수율은 OECD 평균보다 매우 높다. 우리나라 성인(25~64세)의 고등교육 이수율은 2019년 50.0%로 OECD 평균보다 높고, 특히 청년층(25~34세)은 69.8%로 OECD 국가 중 최상위권(2위)을 기록하고 있다.[57][58] 이렇듯 고등교육 이수율이 높지만 사립대학이 80% 이상인 상황에서 등록금은 높은 반면 정부의 재정 지원이 OECD 국가보다 매우 낮아 〈표 1-22〉와 같이 고등교육에 대한 공교육비가 OECD 평균의 3분의 2 수준에 불과하다. 더구나 정부의 재정 지원이 일부 대학에 집중되어 많은 대학들은 평균 이하의 지원을 받고 있다. 이러다 보니 사립대학

---

55) 교육부 보도자료(2020), 「경제협력개발기구(OECD) 교육지표 2020」 결과 발표.

56) 교육부 보도자료(2019), 「OECD 교육지표 2019」 결과 발표.

57) 교육부 보도자료(2019).

58) 교육부 보도자료(2020), 「경제협력개발기구(OECD) 교육지표 2020」 결과 발표.

들은 대부분 재정의 상당 부분을 등록금에 의존해야 하고, 따라서 앞에서 살펴보았듯이 대학의 존재 가치보다는 학생 유치에 유리한 학과들을 개설하는 데 급급하였다. 그리고 앞서 〈표 1-14〉에서 보았듯이 교수 1인당 학생 수에서 OECD 평균 14.9명을 훨씬 넘어서고 전반적인 교육 여건의 질이 떨어지고 있다.

〈표 1-23〉 대학등록금(학부 수업료 기준, 2년마다 조사)

(단위: $)

구분	2015~2016학년도		2017~2018학년도	
	국공립 (24개국)	사립(독립형) (13개국)	국공립 (26개국)	사립(독립형) (15개국)
영국(잉글랜드)[3,6]	a	m	11,866	a
미국	8,202	21,189	8,804	29,478
칠레	7,351	6,487	7,524	6,723
에스토니아[3,4]	0	m	6,764	8,565
캐나다	4,965	m	5,286	a
일본	5,218	8,411	5,234	8,784
호주[2]	4,785	10,289	5,034	9,360
한국	4,712	8,419	4,886	8,760
뉴질랜드[6,7]	4,236	m	4,487	m
라트비아[3]	a	1,435 ~ 15,346	4,291	4,652
이스라엘[3]	3,043	6,675	3,130	6,872
네덜란드	2,395	m	2,537	m
이탈리아	1,647	5,771	1,926	6,707
스페인	1,832	m	1,747	7,771
스위스[8]	1,170	m	1,291	3,202
오스트리아[2]	910	m	921	m
벨기에(프랑스어권)[8]	419	a	536	a
프랑스	-		237	m
독일[2,5]	-	-	133	4,908
노르웨이	0	6,288	0	5,680
슬로바키아	0	2,827	0	2,148

슬로베니아	0	0	0	0
덴마크	0	m	0	a
핀란드	0	a	0	a
스웨덴	0	a	0	a
그리스	-	-	0	a
포르투갈	1,116~1,808	m	m	m
벨기에(네덜란드어권)[3]	132~1,112	m	m	m
룩셈부르크	449~896	m	-	-
헝가리	751	1,896	-	-
멕시코	m	4,711	-	-
폴란드	0	2,175	-	-
터키	0	m	-	-

* 1. 참고 연도는 국가별로 다를 수 있음. 등록금을 받지 않는 교육기관의 경우 등록금을 0으로 표기함.
* 2. 호주, 오스트리아, 독일은 정부의존형 사립 교육기관이 독립형 사립 교육기관에 포함됨.
* 3. 영국(잉글랜드), 에스토니아, 라트비아, 이스라엘, 벨기에(네덜란드어권)는 국공립 교육기관 대신 정부의존형 사립
     교육기관 데이터가 수록됨.
* 4. 에스토니아는 정부의존형 사립 교육기관 및 국공립 교육기관에서 에스토니아 이외의 다른 언어로 제공하는 학위
     프로그램에 대하여 등록금 금액을 조정할 수 있는 권한을 가지고 있음.
* 5. 독일은 학사 혹은 이에 상응하는 교육 단계가 아닌 전체 고등교육 단계의 등록금이며, 학문적(academic) 프로그램만
     해당함.
* 6. 뉴질랜드는 학사 혹은 이에 상응하는 프로그램에 전문대학 과정이 포함됨.
* 7. 뉴질랜드는 추정치에 대학만 포함되었으며, 대학 졸업 후 자격증이나 학위 등은 제외됨.
* 8. 스위스, 벨기에(프랑스어권)는 정부의존형 사립 교육기관이 국공립 교육기관에 포함됨.
* 9. ppp 환율: (2016년) 874.63원/$ → (2018년) 852.69원/$
* 10. a: 해당 사항 없음, m: 자료 미제출.

〈표 1-24〉 고등교육 이수율 현황

(단위: %)

기준 연도	구분	25~34세	25~64세
2019년	한국	69.8	45.0
	OECD	50.5	39.6
2018년	한국	69.6	49.0
	OECD	44.3	38.6
2017년	한국	69.8	47.7
	OECD	43.7	37.7

* 1. 고등교육 이수율=고등교육 단계의 학력 소지자 수/ 해당 연령 전체 인구 수
* 2. 원자료 출처: 통계청 경제활동인구조사

고비용·저효과의 정부 재정 지원

정부의 재정 지원이 매우 낮은 것도 문제인데, 이를 비합리적인 대학평가와 각종 사업 방식을 중심으로 지원함에 따라 대학의 본래적 존재 가치와 질을 떨어트리고 있다. 대학평가가 대학의 존재 가치를 살리고 질을 높이기보다는 오히려 획일적인 평가 방식으로 대학을 등급화하고 서열을 강화하는 수단으로 사용되어 대학의 본래적 존재 가치와 질을 저하시킨다는 근본적인 지적이 계속되고 있다. 대학평가에 대비하기 위한 업무가 늘어나 교육·연구가 뒷전으로 밀려 버리고 업무 피로도가 가중되고 있다는 대학 현장의 목소리가 커지고 있다. 또한 학생충원율, 취업률과 같이 대학을 평가하는 데 부적합한 평가지표들에 대한 지적이 이어지고 있다.

〈표 1-25〉 이명박정부의 수정된 정부 재정 지원 제한 대학 평가지표

(단위: 교, 백만 원)

구분	4년제 대학			전문대학		
	2013학년도	2014학년도	증감	2013학년도	2014학년도	증감
취업률	20%	15%	△5%	20%	20%	-
재학생충원율	30%	25%	△5%	30%	25%	△5%
전임교원확보율	7.5%	10%	2.5%	7.5%	7.5%	-
교육비환원율	7.5%	12.5%	5%	7.5%	10%	2.5%
학사관리 및 교육과정	10%	12.5%	2.5%	10%	12.5%	2.5%
장학금지급률	10%	10%	-	7.5%	7.5%	-
등록금 부담 완화	10%	10%	-	7.5%	7.5%	-
법인지표	5%	5%	-	5%	5%	-
산학협력수익률	-	-	-	5%	5%	-

〈표 1-25〉는 이명박정부에서 발표한 정부 재정 지원 제한 대학 선정을 위한 대학평가지표 개선안이다. 2013학년도에는 취업률과 재학생충원율을 합친 비중이 무려 50%이고, 2014학년도에는 조금 낮추었지만 일반대학 40%, 전문대학 45%로 하겠다는 계획이었다.[9]

박근혜정부와 문재인정부에서도 비율을 낮추기는 했지만 여전히 학생충원율과 졸업생취업률 지표를 포함하였다. 문재인정부에서는 2018년 2주기 대학 기본역량 진단 평가에서 일반대학은 학생충원율 10%, 졸업생취업률 4%, 전문대학은 학생충원율 8%, 졸업생취업률 9%였는데, 2021년 3주기 평가에서는 일반대학의 학생충원율을 20%, 졸업생취업률을 5%, 전문대학의 학생충원율을 20%, 졸업생취업률을 10%로 학생충원율을 2배로 올렸다.[10] 그동안 학생충원율과 취업률로 대학을 평가하는 것에 대한 문제 제기가 많았음에도 다시 평가 비중을 높인 것이다. 이에 대해 지방 대학은 지방 대학에게 불리한 불공정한 평가지표라는 의견을 다시 표출하고 있다.[11]

한편 평가 과정에서의 불공정성 논란도 이어지고 있다. 대학들이 학생충원율을 높이기 위한 편법을 동원하고 전임교원확보율을 높이기 위해 비정년 트랙 전임교원을 많이 임용하기도 한다는 지적이 계속되고 있다.[12] 이에 따라 국민권익위원회에서는 2020년 12월 8일 '대학역량 진단 공정성 제고 방안'을 마련하고 교육부에 제도 개선을 권고했다. 학생충원율 평가 비중이

[9] 교과부 보도자료(2012), 정부재정지원제한대학 등 대학평가지표 개선안 발표.

[10] 교육부 보도자료(2019), 「2021년 대학기본역량진단 기본계획(시안)」.

[11] 박수영(2021. 2. 2), 「3주기 대학평가 칼바람 부나… 퇴출 공포 커져」, 〈중도일보〉.

[12] 국민권익위원회에 2020년 접수된 A대학은 2018년 교육부 대학기본역량 진단 시, 진단지표 중 하나였던 학생충원율을 높이기 위해 교직원의 친인척과 지인 등 150여 명을 허위로 입학 처리했다. 교직원이 등록금을 대납하게 한 뒤 기본역량진단을 받은 후 이들을 자퇴로 처리했다. A대학은 이를 통해 121억여 원의 국가장학금을 지원받았다.

높아져 신입생 허위 등록 등 학생충원율과 관련된 부정·비리 발생 우려가 높아질 수 있다고 본 것이다.[5]

대학평가와 관련된 불공정성 논란은 전임교원확보율 평가에서도 나타난다. 평가지표에 전임교원확보율을 포함시킨 것 자체는 인정하지만, 단기 계약·저임금의 '비정년 트랙 전임교원'을 많이 임용하여 전임교원확보율을 높이는 대학이 유리할 수 있기 때문이다. 교육부에 근무하던 고위 관료나 공무원을 대학의 총장이나 교원으로 초빙한 경우 교육부 로비 담당용으로 초빙했다는 의혹을 받기도 하였다.[11]

대학체제 개편의 필연성의 생명력 강화

그동안 대학의 생명력은 상실·약화되었고 대학의 교육 여건은 부실화되었다. 다시 대학의 생명력을 살리고 강화하기 위해서는 대학 정책의 대전환이 불가피하다. 학령인구 감소 그리고 코로나19와 4차 산업혁명 등의 변화하는 미래 사회의 특성 등을 고려하여 더욱 적극적인 정책 전환을 위한 노력이 요구된다.

교육부는 2019년 8월 7일 자 보도자료에서 2019학년도 입학 정원을 유지한다면 2024년에는 12.4만 명의 입학생이 부족해질 것으로 전망했다.[5] 한국교육과정평가원에 따르면 2021년에 만 18세 학령인구는 47만 6,000명, 2021학년도 수능 응시자는 49만 3,433명이었으며, 일반대학과 전문대학을 합친 입학 정원은 55만 5,774명으로 수능 응시자가 입학 정원보다 6만 명가량 적었다. 이에 따라 많은 지방 대학이 입학 정원을 채우지 못했다. 통계청 자료에 의하면, 앞으로 학령인구는 더욱 감소하여 2020년 51만 2,000명, 2021년 47만 6,000명, 2024년 43만 명, 2040년에는 28만 4,000여 명으로 줄

어들 것으로 전망된다.[10]

〈그림 1-1〉 학령인구와 입학 가능 학생 수 추정

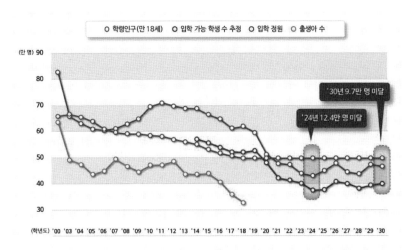

이러한 학령인구 감소를 대학의 생명력을 회복하고 강화하는 기회로 삼아야 한다. 전체 대학의 정원을 조정하고 교원확보율을 높여 교육의 질과 연구 여건을 개선하고 전체 고등교육의 생태계를 건실화해야 한다. 전체 대학의 교육과 연구 여건의 질을 향상시키는 것은 대학의 상향 평준화를 이루는 것이다. 대학의 상향 평준화는 대학 간 공유체계, 네트워크 체계를 활성화하고 고등교육 생태계를 건실화하게 할 것이다. 대학 간 공유와 네트워크 체계가 이루어져서 대학의 상향 평준화를 실현할 수도 있지만, 반대로 대학의 상

3) 허지은(2020. 12. 10), 「'과도한 학생충원율' 평가 바꾼나… 권익위, 기본역량진단 '개선요구'」, 〈한국대학신문〉.

4) 문일호(2014. 4. 14), 「구조조정 칼날 꼼수로 맞서는 대학들」, 〈매일경제〉.

5) 교육부 보도자료(2019), 「인구 구조 변화, 4차 산업혁명 대응 대학혁신 지원 방안」.

6) 「[위기의 지방대①] 7차 추가모집에도 정원 미달… 학생 수 감소 직격탄」, 〈뉴시스〉(2021. 3. 4).

향 평준화가 대학 간 공유와 네트워크 체계를 촉진시킬 수도 있다.

대학의 생명력을 강화하려면 이러한 교육과 연구 여건의 질적 향상을 바탕으로 대학의 정체성을 바로 세우도록 하여야 한다. 이는 「고등교육법」상에 명시되어 있는 각 대학의 목적을 실현하는 것이다. 일반대학의 경우 「고등교육법」 제28조(목적)에 "대학은 인격을 도야하고 국가와 인류 사회의 발전에 필요한 심오한 학술이론과 그 응용방법을 가르치고 연구하며, 국가와 인류 사회에 이바지함을 목적으로 한다"라고 규정하고 있는 만큼, 일반대학들은 기존과 같이 생존에 급급해서 학생 등록률을 높이기 위해 무분별하게 전문대학의 인기 학과를 모방해 가면서 취업기관으로 전락하지 않도록 해야 한다. 교육부도 관리감독 기관으로서의 책임을 통감하고 학생충원율과 취업률로 대학을 평가하지 않도록 해야 한다.

대학의 생명력을 강화하려면 재정이 충분히 확보되어야 하는데, 그동안 대다수 대학들이 재정 확보를 등록금에 의존하면서 생존을 우선시하다 보니 목적과 수단이 전도되어 버렸던 것이다. 등록금 의존도에서 벗어나려면 국가, 지방자치단체의 지원을 강화하고 학교법인의 기능을 바꾸어야 한다. 「고등교육법」 제7조(교육재정)는 "국가와 지방자치단체는 학교가 그 목적을 달성하는 데에 필요한 재원을 지원하거나 보조할 수 있다"라고 규정하고 있다. 이제 국가와 지자체는 대학의 목적과 수단이 뒤바뀌지 않도록 적극 나서야 한다. 정부는 그동안의 대학 간 차별적 지원 방식에서 벗어나 대학무상화 정책을 마련하고, 정부 지원이 OECD 국가 평균 수준에 도달하도록 적어도 GDP의 1% 이상을 고등교육에 지원해야 한다. 현재와 같은 '저지원·고비용·저효과'의 각종 사업을 통한 재정 지원 방식에서 벗어나도록 해야 한다. 사립대학의 학교법인은 정부와 지자체의 안정적인 재정 지원을 늘리면서 대학의 공공성과 민주성, 투명성을 높이는 데 적극 나서야 한다.

대학이 생명력을 갖춘다는 것은 대학의 공공성과 민주성을 실현하는 것이고, 이를 토대로 자율성을 높이는 것이다. 대학무상화를 바탕으로 대학의 상향 평준화를 이루는 것이다. 대학을 부실화하며 대학서열화를 강화시킨 '저지원·고비용·저효과'의 재정 지원 정책을 하루속히 '고지원· 저비용·고효과' 정책으로 바꾸어야 한다.

: 한국 대입제도의 특징과 문제점

한국의 대학서열체제는 유별나다. 거의 모든 대학들을 일렬로 순위를 매길 수 있을 정도로 수직적으로 서열화되어 있다. 최근에는 취업이 어려워지면서 취업에 유리한 특정 학과에 대한 선호도가 급격하게 높아졌다. 대학서열에 학과서열까지 맞물리면서 더욱 세분화된 서열체제가 형성되어 있다. 유럽의 대학들은 대부분이 국공립으로, 서열이 거의 없거나 매우 느슨한 형태이다. 상대적으로 강한 서열이 존재하는 미국에서도 대학들은 엄격한 순위에 의해 일렬로 서열화되어 있지 않으며 명문 사립대(아이비리그), 명문 주립대, 일반 주립대 등으로 느슨하게 그룹화되어 있다.

학벌, 미친 경쟁으로 획득하는 사회적 신분

이에 비해 한국의 대학서열은 매우 엄격할 뿐만 아니라 사회 구성원들의 생활에 매우 커다란 영향을 미친다. 고졸, 전문대졸, 대졸 등 학력에 따른 임금격차가 아주 크며, 취업과 승진 과정에서 어떤 서열의 대학을 나왔는가를 의미하는 학벌이 중요한 역할을 한다. 안정적인 직장에 취업하기 위해서, 특히 고위 공직자나 회사 임원 등으로 승진하는 데 학벌의 역할이 결정적이다.

학벌은 막강한 문화자본으로 기능하기도 한다. 상위 학벌을 지닌 사람은 단순히 공부를 잘했다는 의미를 넘어 훌륭한 인격을 지닌 존재로 과대평가 된다. 또한 학벌은 부와 권력의 인적 네트워크에 접근할 수 있는 통행증 역 할도 한다. 학벌은 취업, 임금, 승진 등 경제적 문제에만 관계되는 것이 아니 라 사회적 인정이나 평판, 심지어는 결혼 등 일상적 생활에까지도 강력한 영 향력을 미친다.

이렇듯 한국 사회에서 학벌은 경제적 계급보다는 사회적 신분에 더 가까 운 성격을 지니게 된다. 학벌은 좀 더 많은 돈을 벌 수 있게 해 주는 경제적 수단일 뿐만 아니라 그 사람의 사회적 인격과 지위를 보증해 주는 사회적 신분이다.

한국에서는 사회적 불평등과 차별을 축소하거나 폐지하려는 진보적 사회 운동이 미약한 수준에 머물러 있다. 자녀들이 사회에 나가 차별이나 부당한 대우를 받지 않기를 원하는 부모들은 자녀들의 학력-학벌 경쟁에 사활을 걸 게 된다. 입시경쟁에 개인적-사회적 자원들이 집중되면서 입시경쟁이 극단적 인 수준으로 치닫게 된다. '미친 경쟁'이라는 표현이 과하지 않을 정도로 경 쟁의 압력은 상승하고, 학부모와 학생(개인적 자원), 학교와 교사(사회적 자원) 등 배우고 가르치는 모든 교육 주체들이 입시경쟁에서의 승리를 교육의 유일한 목적으로 삼는다.

서열화와 상대평가

대부분의 나라에는 대학입시가 존재한다. 한국처럼 국가 수준의 평가 시 험도 있고 학교 수준의 평가인 내신 평가도 실시한다. 그런데 이 시험들은 한국처럼 세밀한 순위를 산출하는 데 이용되기보다는 대개는 자격 기준이나 큰 수준의 성취 정도를 표시하는 데 이용된다. 대학과 학과가 극단적으로 서열화되어 있는 한국 사회에서 학생들의 성적은 가능한 촘촘한 순위로 산출되어야만 입시 자료로 활용될 수 있다. 이를 위해 평가 방식은 절대적인 성취 정도가 아니라 개별 학생들의 상대적 위치를 나타내는 상대평가가 중심이 된다. 현재는 수능과 내신 모두 상대평가 9등급제가 실시되고 있으며, 수능의 경우에는 더 세밀한 순위를 산출할 수 있도록 등급과 더불어 (표준변환)점수를 제공한다. 수능의 표준변환점수는 대개 550점 정도에서 최고점이 형성되고, 대부분의 대학에서 등급보다는 점수를 사용하기 때문에 사실상 학생들의 성적이 500여 단계의 순위로 나뉜다고 볼 수 있다.

실제 대학입시에서 상위권 대학일수록 점수 1~2점에 따라 대학과 학과가 바뀌고 당락이 결정되는 경우가 허다하다. 자격 기준이나 느슨한 수준의 성취 정도만 표시되는 저부담 시험이 아닌 세밀한 상대적 지위가 표시되는 고부담 시험으로 인해 학생들이 받는 스트레스는 어마어마하다. 한 문제라도 더 맞히기 위해, 또는 한 문제라도 실수를 줄이기 위해 모든 학생들은 학습 시간을 최대화하고 끊임없는 반복 훈련을 해야 한다. 이런 식의 경쟁에서는 도달해야 할 적정한 선이라는 게 존재하지 않는다. 말 그대로 무한 경쟁이다. 학교나 교사의 입장에서도 시험에 나올 가능성이 있는 모든 내용을 세세하게 정리해 주고 반복적 주입과 문제풀이를 되풀이할 수밖에 없다. 대부분의 학교 수업은 진도빼기와 문제풀이에 매몰되면서 주제에 맞는 다양한 수업 방법 도입이나 학생들의 발달 수준에 맞는 개별 교육은 아예 엄두를 낼 수 없다.

한국 대학과 학과들의 엄격한 서열이 이런 세분화된 성적 산출을 요구하고, 세분화된 성적 산출이 다시 대학과 학과들의 촘촘한 서열화를 촉진한다. 이렇듯 촘촘한 대학서열과 세분화된 성적 산출을 위한 대입시험은 서로 마주 보고 있는 거울이지만, 상호관계를 규정하는 중심축은 대학서열이다. 대학서열이 폐지되거나 완화된다면 세밀한 성적 산출은 불필요해지겠지만, 세밀한 성적 산출을 완화시켜 대학서열을 느슨하게 하는 것은 쉽지 않다. 엄격한 대학과 학과 서열체제는 놓아둔 채 입시 성적 산출만 느슨하게 했을 때, 우수 학생을 독점하려는 대학들의 반발도 예상할 수 있지만, 공정한 게임의 룰을 요구하는 학생이나 학부모들도 강력한 불만을 제기할 것이다. 결국 변별력을 발휘할 수 있는 새로운 장치가 다시 도입되는 악순환이 되풀이될 것이다.

형식적 공정성과 객관식 시험

한국 사람들은 객관식 시험에 너무 익숙해져서 시험 하면 객관식 선다형 문제를 떠올린다. 특히 초·중등교육 단계에서는 다른 나라들도 당연히 객관식 시험이 대다수일 것이라고 생각한다. 하지만 세계 어느 나라에도 한국의 수능처럼 모든 대학입학 시험 문항이 객관식 선다형으로 구성된 경우는 없다. 대부분 논·서술형이 중심이고(프랑스의 바칼로레아, 독일의 아비투어 등), 객관식 선다형 문제가 있는 경우에도 보조적인 수준이다(미국의 SAT 등). 왜냐하면 고등학교 수준의 교육 성취에 대한 평가와 대학 수학 능력 진단에는 객관식 시험이 매우 부적합하기 때문이다. 객관식 시험은 단순한 기본적 지식의 습득 여부를 판별하는 데는 유용하겠지만 복합적이고 창의적인 고등한 사고 능력을 측정하는 데는 부적합하다.

입시경쟁에 사활을 거는 사회에서는 입시 시험에 대한 형식적 공정성 및 외형적 객관성에 대한 요구가 매우 높게 형성된다. 이런 요구를 가장 손쉽게 충족할 수 있는 방법은 객관식 선다형 문제를 출제하는 것이다. 수능 정답 시비에서 알 수 있듯이 객관식 선다형 시험의 경우에도 문제가 발생할 수 있지만, 논·서술형에 비해서는 훨씬 적을 것이다. 객관식 선다형 문제는 적어도 채점자의 주관을 완전히 배제할 수 있는 장점이 존재한다.

또한 객관식 선다형의 경우 많은 문제를 출제하여 성적을 매우 세밀하게 산출할 수 있다. 반면에 논·서술형의 경우 점수를 세밀하게 산출하는 것이 매우 어려우며, 성적을 세밀하게 산출하려 할 경우 채점 결과에 대한 커다란 시비를 불러올 수밖에 없다.

마지막으로 객관식 선다형 시험은 출제나 채점 비용이 매우 저렴하다. 논·서술형의 경우 많은 채점위원들을 양성해야 하며 채점 시간도 많이 필요하다.

형식적 공정성의 유지, 세밀한 성적 산출, 저렴한 비용 등의 이유가 맞물려서 한국의 입학시험은 세계에서 유례를 찾기 힘든 객관식 선다형 중심으로 구성되어 있다. 지금까지 대부분의 사람들은 객관식 선다형 중심의 입학시험 방식에 커다란 문제의식을 갖지 않았다. 하지만 객관식 선다형 중심의 입학시험은 한국 교육을 왜곡하는 데 결정적인 역할을 하고 있다. "악마는 디테일에 있다"는 격언대로, 사소한 것처럼 보이는 시험 출제 방식이 학교교육에 미치는 영향력은 생각보다 지대하다.

영어, 수학 공화국

한국 대학입학시험의 또 하나의 특징은 영어와 수학 비중이 과도하다는 점이다. 학생들은 학창 시절 내내 수학과 영어에 올인한다. 실로 영어, 수학 공화국이라 불릴 만하다. 학생들의 부담을 줄여 준다는 명분으로 탐구 과목(사회와 과학)을 계속 축소하면서 영어, 수학의 비중은 더욱 커져 50%를 훌

쩍 넘어서고 있으며, 사실상 이 두 과목이 대학입시에서 결정적인 역할을 한
다. 수학은 난이도가 매우 높고 출제 영역이 광범위하기 때문에 시험에 대비
하기 위해서는 장시간의 학습 노동을 투자해야 한다. 영어도 범교과 출제이
고 외국어의 특성상 지속적으로 학습해야 할 필요성이 발생한다.

전 세계 어디에서도 한국처럼 전공과 계열에 상관없이 수학이 절대적인
비중을 차지하는 사례를 찾아보기 힘들다. 또한 국가 수준 시험에서 모국어
의 비중은 높은 편이지만, 특정 외국어가 필수화되어 있고 그 비중이 매우
높은 경우도 찾아볼 수 없다. 유독 한국의 대학입시에서만 영어와 수학의
비중이 과도하다. 대학입시에서의 영어, 수학의 과도한 비중은 학교교육과
정에서 영어, 수학의 과잉 편성을 낳았다. 사교육도 영어, 수학이 대부분을
차지한다. 학교교육과 사교육까지 고려하면 한국의 학생들은 초등학교 고
학년부터 고등학교 졸업 때까지 대략 청소년기 10년간을 거의 영어와 수학
공부에 매진하고 있다.

우리나라의 영어, 수학 과잉은 프랑스의 대입시험 제도인 바칼로레아와
비교해 보면 확연히 드러난다.

〈표 1-26〉 전기 바칼로레아(고2 말에 시험)

문과 계열		경제 계열		과학 계열	
과목	비중	과목	비중	과목	비중
국어(지필)	3	국어(지필)	2	국어(지필)	2
국어(말하기)	2	국어(말하기)	2	국어(말하기)	2
과학	2	과학	2	과학	3

〈표 1-27〉 후기 바칼로레아(고3 말에 시험)

문과 계열		경제 계열		과학 계열	
과목	비중	과목	비중	과목	비중
문학	4	역사지리	5	수학	7/9
역사지리	4	수학	5	물리화학	6/8
제1외국어	4	사회경제	7	생명지구과학	6/8
제2외국어	4	제1외국어	3	환경농업지역	7/9
외국문학	1	제2외국어	2	엔지니어 공학	6/8
철학	7	철학	4	제1외국어	3

* 과학 계열의 생명지구과학, 환경농업, 엔지니어 공학 중 택 1
* 출처: 대학입시 정책의 국제비교연구(한국교육개발원, 2014. 12)

전, 후기 문과 계열 바칼로레아 시험 과목에 수학은 없다. 문과 계열에서 외국어 비중은 평균 수준이고, 경제와 과학 계열에서 외국어의 비중은 매우 낮다. 대부분의 국가에서는 프랑스와 같이 모국어, 인문학, 사회과학, 자연과학, 외국어, 수학을 고르게 공부할 수 있는 교육과정과 입시제도를 운영하고 있다.

복잡한 대학 입학전형

우리나라의 대입제도는 수십 년 동안 대학별 시험 체제, 예비고사+본고사 체제, 학력고사+내신 체제, 수능시험+내신+대학별 고사 체제 등으로 십여 차례 바뀌었다. 입시제도 개편의 명분은 대부분 초·중등교육의 정상화와 사교육비 감소였다. 그러나 현재까지 어떤 입시제도의 개편도 이러한 목적을 달성하지 못했으며 오히려 정보력과 재력을 기반으로 한 입시의 계층별 양극화를 심화시켜 왔다. 1점 차이, 1등급 차이로 대학입시에서 당락이 좌우되기 때문에 학생들은 치열한 입시경쟁에 나설 수밖에 없다.

1994년부터는 대학수학능력시험이 도입되어 학교 내신 성적과 함께 이후 입시제도의 기본 뼈대를 이루었다. 2008년 이명박정부는 대입 자율화를 추진하면서 학생부와 수능 반영 비율을 대학 자율로 넘기고, 노무현정부 때 도입했던 입학사정관제를 전면적으로 확대했다. 입학사정관제는 이후 박근혜정부 시기인 2015년에 학생부종합전형으로 바뀌었으며, 대부분의 서울지역 상위권 대학들이 수시모집에서 학생들을 뽑는 전형이 되었다. 입학사정관제는 3불 정책(대학본고사, 고교등급제, 기여입학제) 중 고교등급제를 사실상 무력화하는 것으로 도입 당시부터 반대에 직면했으며, 학생부종합전형으로 변화된 이후에는 학생들의 비교과 활동 관련 정보를 반영한다는 취지에도 불구하고 깜깜이 전형, 불공정 전형 등의 비판을 받아 왔다.

대입 전형을 대학 자율로 넘김으로써 수천 가지의 대입 전형이 나왔고, 이는 정보에 접근할 능력이 있는 계층에게 유리하게 작동했다. 그리하여 정보력은 사교육비를 감당할 재력과 함께 상위권 대학에 진학할 핵심적인 요소가 되었으며, 이 문제가 사회적으로 쟁점화되면서 박근혜정부와 문재인정부에서는 대입 전형 간소화를 대통령 공약으로 내걸었다.

한편 2010년대에는 대입 선발에서 수시모집과 정시모집 중 수시모집의 비율이 압도적으로 높아졌다. 정시모집이 수능시험 성적으로 학생을 선발하는 데 비해 수시모집은 고교 내신 성적과 논술, 비교과 자료를 바탕으로 선발하는 제도로, 1997년부터 시행되었다. 2010년 이후 수시모집 비율은 지속적으로 증가하여 2019년에는 76.2%에 달했다.

수시모집 전형은 학생부교과, 학생부종합, 논술, 실기로 구성되었는데, 전국적으로는 대학 전형에서 선발 비율이 가장 높은 것은 학생부교과전형이지만 서울지역 상위권 대학으로 좁혀서 보면 2021년의 경우 학생부교과전형은

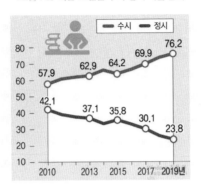

〈그림 1-2〉 최근 10년간 수시·정시 비율 변화

8.1%에 불과하며, 학생부종합전형이 44.5%를 차지하고 있다. 결국 상위권 대학들은 일반고에 비해 외고, 국제고, 자사고에 유리한 학생부종합전형을 통해 많은 학생들을 선발했던 것이다.

〈표 1-28〉 2021년 주요 대학 전형[47]

		수시					정시
		학생부교과	학생부종합	논술	실기	계	
전국	347,447	146,423 (42.3%)	86,083 (24.8%)	11,162 (3.2%)	18,821 (5.4%)	267,374 (77%)	80,073 (23%)
12개	38,355	3,099 (8.1%)	17,074 (44.5%)	4,499 (11.7%)	1,728 (4.5%)	26,400 (68.8%)	11,955 (31.2%)

* 12개 대학: 고려대, 서강대, 서울대, 성균관대, 연세대, 한양대, 건국대, 경희대, 서울시립대, 이화여대,중앙대, 한국외대

상위권 대학의 이러한 대입 전형은 수시모집의 학생부종합전형을 통해 상류층과 상위권의 학생을 우선적으로 확보하여 대학서열을 공고화하겠다는 대학의 전략에서 비롯되었다.

박권우(2020), 『수박먹고 대학간다』, 리빙북스.

정상적인 발달과 교육을 방해하는 문제들

입시경쟁력이 교육의 목표인 학교와 교사들

근대 사회가 시작되면서 교육은 모든 사회 구성원들이 자신의 잠재능력을 온전히 계발할 기회를 얻고 이를 통해 전면적 발달을 도모할 수 있는 만인의 보편적 권리로 선포되었다. 하지만 한국의 교육 현실에서는 학생의 다양한 잠재능력을 어떻게 계발할지, 어떤 교육을 통해 성장 단계에 맞는 학생의 발달을 이끌어 낼지를 고민할 여유가 없다. 이런 고민들은 엄혹한 입시 현실을 외면한 사치스러운 것으로 치부된다. 교육의 모든 목표는 최후의 관문인 대학입시에서 좋은 성적 올리는 것으로 귀결되었다.

다른 나라의 학부모와 학생들도 좋은 직장을 얻고 사회적 지위를 상승시키는 것을 교육의 목적으로 추구한다. 직업에 따른 사회적 불평등이 존재하는 사회에서는 당연한 현상이다. 문제는 한국 사회에서는 교육 실행의 주체인 학교와 교사 또한 입시경쟁의 승리를 교육의 거의 유일한 목적으로 삼는다는 점이다. 물론 교사마다 편차가 존재하며, 학교의 경우에도 대학입시에서 멀수록 입시경쟁으로부터 받는 영향력은 약화되겠지만, 단지 정도의 차이일 뿐 본질 자체가 다르지는 않다.

한국의 학교와 교사는 단순히 해당 학교의 학부모나 학생들에게서만 직접적인 압력을 받는 것이 아니다. 대부분의 사회 구성원들이 입시경쟁에 사활을 걸다 보니 사회 전체가 학교와 교사에게 입시경쟁에서 학생들이 승리할 수 있도록 모든 힘을 쏟을 것을 강제하는 분위기가 형성된다. 입시 성적이 좋은 학교가 최고의 학교라고, 사교육 기관과 입시경쟁력에서 비교당하면서 학교와 교사는 계속 압박을 받는다. 일반 기업들의 존재 근거가 시장에서의 상품 경쟁력이듯, 한국 사회에서 학교와 교사의 존재 근거는 입시경쟁력이다.

대학입시에 가까워질수록 이런 현상이 더욱 심화된다. 한국의 고3 교실에서는 EBS 교재가 교과서 역할을 대신하고 있다. EBS 교재가 교육적으로 훌륭해서가 아니라 거기에서 시험문제가 출제되기 때문이다. 봉사활동은 봉사정신의 함양이 아니라 봉사 실적을 위해 존재한다. 학생회 활동은 민주주의의 경험이 아니라 입시 스펙을 위해 필요하다. 공부뿐만 아니라 학교에서의 모든 활동이 입시라는 블랙홀에 흡수된다. 모든 교육적 가치는 사라지고 입시경쟁에서의 승리라는 유일한 가치만 살아남는다. 학교에서 올바른 교육에 대한 고민은 설 자리가 없다. 오로지 입시 성적 올리기라는 단일한 목표를 향한 광적인 집착만 존재할 뿐이다.

암기와 문제풀이 위주의 학습

객관식 선다형 문제풀이에 대비하기 위한 가장 좋은 수업 방법은 암기에 편리하도록 지식을 도식화하는 것이다. EBS 교재나 사교육기관의 유명한 교재를 보면 교과 과목과 상관없이 많은 표들을 볼 수 있다. 이는 지식과 개념들의 상호관계나 내적 연관들을 생생하게 보여 주기 위한 분류와 체계화가 아니라 단지 암기나 단편적 이해의 편리성을 위한 도식화이다. 이렇게 도식화된 지식을 일방적인 강의식 수업을 통해 학생들에게 전달한다. 학생들의 중심적인 학습 방법은 단편적인 지식들을 반복적으로 암기하고 이를 바탕으로 문제풀이를 되풀이하여 정답을 선택할 수 있는 감각을 키우고 다양한 문제 유형에 적응하는 것이다. 암기와 가장 거리가 멀게 느껴지는 수학까지 한국 교육에서는 암기 과목이다. 공식이나 문제풀이 방법을 암기하고, 반복적 문제풀이를 통해 문제의 유형을 익힌 다음, 공식이나 문제풀이 방법을 문제의 유형에 맞게 대입하는 과정으로 수학 학습이 이루어진다. 정리나

공식의 원리를 깊숙이 이해하고 이를 응용할 수 있는 창의력보다는 정리나 공식을 암기하고 이를 문제 유형에 맞추어 대입하는 능력이 중요하다.

객관식 선다형 중심인 한국의 독특한 대학입학시험 제도는 도식화, 단편화된 지식을 일방적으로 전달하는 강의식-주입식 교수 방법과 주어진 지식의 무조건적 암기와 반복적 문제풀이를 중심으로 하는 학습 방법을 일반화시킨다(사실 일방적 강의식 수업은 한국의 열악한 교육환경에 기인하는 바도 크다. 과밀 학급에서 가장 효율적인 교수 방법은 강의식 수업이다. 따라서 강의식-주입식 교육은 입시 교육과 과밀 학급이라는 두 가지 요인이 결합하여 발생한 것이다).

무조건적 암기와 반복적 문제풀이에 혹사당하는 학생들은 청소년기에 거쳐야 하는 정상적인 지적-윤리적-정서적 성장과 발달 과정을 거치지 못하거나, 그들이 투여했던 과도한 에너지에 비해 초라하기 그지없는 결과만을 손에 쥘 뿐이다. 그들은 다양한 텍스트를 심층적으로 접하면서 자기 자신과 세계에 대해 깊은 성찰과 사유를 할 수 있는 여유도, 동료들과 지적-정서적 교류를 통해 소통과 협력의 능력을 키울 기회도, 학교나 학급 공동체에 민주적으로 참여할 수 있는 자치의 경험도 누릴 수 없다. 입시 교육을 통해 학생들은 세계, 타자, 자기 자신에 대한 생생하고 총체적인 인식을 얻는 것이 아니라 죽어 있고 분절되어 있는 얇은 지식들만 축적해 나갈 뿐이다.

속도 경쟁, 수많은 학습 포기자 양산

학교교육이 입시경쟁에 종속되면서 나타나는 또 하나의 중대한 문제는 학습 포기자의 조기 양산이다. 학생들은 치열한 성적 경쟁에서 이른 시기에 좌절감이나 패배감을 맛보면서 학습에 대한 의욕을 상실하기 쉽다. 또한 학교와 학원에서 지루한 입시 교육의 반복을 경험하면서 학습에 대한 흥미를 잃기도 한다. 강제적인 장시간 학습 노동, 자기의 삶과 유리된 지식 교육, 다양하지 못한 수업 방법 등은 배움을 즐거움이 아니라 고통으로 느끼게 한다.

한편, 한번 뒤처지기 시작하면 이를 만회할 수 있는 기회를 만나기 힘들다. 학년이 올라갈수록 학습량은 많아지고 지루한 입시 준비 교육은 더욱 강화된다. 학교 수업은 입시 준비를 위한 진도빼기에 바빠 학생의 학습결손을 보충해 주지 못한다. 가르쳐야 할 내용과 수준을 입학시험이 결정하기 때문에 교사들은 학생들의 조건에 맞게 교육의 속도나 난이도를 조절할 수 없다. 시험에 나올 가능성이 있는 내용은 학생들이 소화할 수 있을지 여부와 관계없이 빠짐없이 가르쳐야 한다는 강박에 시달린다. 더욱이 한국의 과밀 학급은 학생 개개인의 발달 수준에 맞는 개별 수업이나 지원을 더욱 어렵게 만든다.

결국 학생들은 입시 교육 때문에 학습결손을 보충할 기회를 박탈당하고, 자기의 성장 속도 및 발달 수준에 맞게 교육받을 권리를 부정당한다. 많은 학생들이 낙오자나 실패자가 되면서 자존감을 상실한다. 고통스러운 현실에 대한 절망적인 회피와 상상적 도피의 수단으로 폭력에 의지하거나 대중문화에 빠져든다.

한국의 학교는 따라올 아이들만 데리고 입시전쟁을 치르기에도 벅차다. 결국 학습결손 학생들의 교육을 포기하고, 학교는 그들이 커다란 사고만 치지 않도록 관리하는 것을 목표로 삼게 된다.

미래 사회의 문제에 응답하지 못하는 교육

입시 교육은 시대의 변화, 즉 지적-기술적 환경의 급속한 변화, 사람들의 생활양식과 소통 방식의 혁신 등을 따라가지 못하면서 시대 흐름과 더욱 괴리되고 있다. 현대 사회에서 지식과 정보의 생산과 유통 속도는 엄청나다.

또한 각종 기기의 발전으로 지식과 정보의 흐름에 접속하는 데 시공간적 제약이 거의 사라지고 있다. 그러나 지식과 정보의 생산과 유통 속도가 빨라진다고 하여 사람들이 자연스럽게 똑똑해지거나 현명한 판단을 하는 것은 아니다. 오히려 넘쳐나는 지식과 정보의 홍수 속에서, 나날이 복잡해지는 삶의 양식과 사회 현상 속에서 개인들은 무기력감에 빠질 수도 있다. 해독할 수 없는 여러 가지 지식이나 정보에 노출되면서 주변 세계는 이해 불가능한 것으로 다가오고, 이른바 전문가에 대한 의존성이 커질 수도 있다.

이런 시대적 상황에서 언제, 어디서나 쉽게 접속할 수 있는 지식과 정보를 맹목적으로 암기하고 이를 근거로 하여 주어진 보기 중에서 정답을 고르는 능력을 키우는 입시 교육은 시대착오적이다. 이제 학생들에게 필요한 것은 지식이나 정보의 양적 축적이 아니다. 넘쳐나는 지식과 정보들을 해석하고 재구성할 수 있는 능력, 나날이 복잡해지고 급속하게 변하는 사회-문화적 현상을 체계적이고 비판적으로 이해할 수 있는 능력이 필요하다. 각 교과의 기본적이고 핵심적인 개념들과 개념들의 체계(즉 주요 이론)에 대한 충분한 학습이 이루어지고, 이를 활용하여 복잡한 현실을 분석하고 종합하는 훈련이 지속되어야 한다. 나아가 다른 사람들이 생산한 지식이나 정보들을 비판적으로 해석하고, 자기의 필요에 의해 그것들을 적합하게 재구성하는 활동들도 활발하게 이루어져야 한다.

자본주의가 발전하면서 노동의 구성과 성격도 변한다. 초기 산업화 시대에는 자연의 대상을 가공하는 공장의 육체노동자 비중이 상대적으로 높지만, 자본주의 경제가 성장할수록 지식과 정보와 관련된 노동이나 인간을 대상으로 하는 정서 노동의 비율이 높아진다. 또한 상품의 현실적 유용성 이외에 심미적 욕구도 커지면서 상품의 생명주기가 짧아지고 상품의 종류도 다양해진다. 이러한 상황에서는 인내력을 가지고 단순 작업의 반복을 견디는 능력이나 남의 것을 열심히 모방하는 능력보다는 창의성과 혁신 능력이 시장에서 성공할 수 있는 매우 중요한 요인이 된다.

〈표 1-29〉 OECD: DeSeCo 핵심역량

핵심역량	하위역량
1. 도구를 상호작용적으로 활용 하는 능력(Use tools interactively)	① 언어, 상징, 텍스트 등 다양한 소통 도구 활용 능력 ② 지식과 정보를 상호작용적으로 활용하는 능력 ③ 새로운 테크놀로지 활용 능력
2. 이질적인 집단 속에서의 사회적 상호작용 능력(Interact in heterogeneous groups)	④ 인간관계 능력 ⑤ 협업/협동 능력 ⑥ 갈등 관리 및 해결 능력
3. 자신의 삶을 자주적으로 관리할 수 있는 능력(Act autonomously)	⑦ 사회/경제적 규범 등 주변 큰 환경을 고려하면서 행동하고 판단하는 능력 ⑧ 자신의 인생계획, 프로젝트를 구상, 실행하는 능력 ⑨ 자신의 권리, 필요 등을 옹호, 주장하는 능력

* 출처: http://www.oecd.org/pisa/35070367.pdf

〈표 1-29〉는 이미 2005년에 OECD에서 발표한 현대 교육이 지향해야 할 핵심역량을 정리한 것인데, 이는 창의성과 혁신 능력 등 후기자본주의에 필요한 노동력 양성을 위한 교육 목표로 볼 수 있다. 이는 초기자본주의 체제에서 필요로 했던 규율, 인내, 단순 기술보다는 지식과 정보 등 상징적 도구 활용, 상호작용, 자기관리 능력 등을 강조한다. 하지만 현재 한국에서의 입시 교육으로는 위에서 제시한 핵심역량을 기르는 것이 불가능하다.

도식화된 지식을 일방적으로 전달하는 주입식 교육과 단편적 지식의 암기와 문제풀이 학습이 중심인 입시 교육은 상징적-기술적 도구들을 활용할 수 있는 기회를 극히 제한한다. 또한 입시 교육은 철저히 개별화된 개인들 사이의 극단적인 경쟁의 성격을 지니고 있다. 상호작용의 과정은 철저히 배제된다. 이런 상황에서 협력 및 협동의 경험 자체가 불가능하고 상호작용도 거의 일어나지 않는다. 입시 교육은 지식을 자신의 삶이나 자기가 처한 현실로부터 분리하여 죽은 것으로 만든다. 이런 상황에서 자신의 삶을 자주적으로 관리할 수 있는 능력을 키우는 것은 불가능하다. 입시 교육을 통해 기를 수 있는 삶의 관리 능력은 지루하고 고통스러운 과정을 견딜 수 있는 참을성 정도일 것이다.

최근 OECD는 「교육 2030」을 발표하여 2030년에 성인이 될 학생들의 교육 방향을 제시했다. DeSeCo 프로그램이 지나치게 경제적 목적에 종속되었음을 반성하면서 앞으로 교육은 인류가 부딪히고 있는 핵심 문제들을 해결하기 위한 변혁적 역량 육성에 초점을 두어야 한다고 강조하고 있다. OECD의 「교육 2030」은 미래 사회의 핵심적인 문제로 생태위기, 경제적 불확실성, 사회적 불평등, 첨단기술의 위험성 등을 꼽고 있으며, 이에 대처하기 위해 학생들의 행위주체성을 강화하고 '새로운 가치를 생성하기, 긴장과 딜레마를 수용하고 화해시키기, 책임지기' 등 변혁적 역량을 육성해야 한다고

〈그림 1-3〉 OECD 2030 학습틀(The OECD Learning Framework 2030)

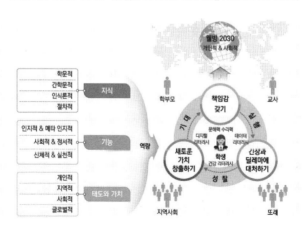

주장한다.[18]

많은 나라들이 미래 사회 문제의 심각성을 인식하고, 이에 대처하기 위해 교육개혁을 서두르고 있지만, 한국은 여전히 입시 교육의 굴레에서 벗어나지 못하고 있다. 한국의 입시 교육을 통해서 나날이 심각해지고 있는 여러 사회문제에 대응할 수 있는 사회적 주체를 키울 수 있다고 생각하는 것은 언감생심이다.

세계에서 가장 불행한 아이들

2009년부터 시작된 한국방정환재단과 연세대 사회발전연구소의 「어린이·청소년 행복지수 국제비교」 결과에 의하면 한국의 학생들은 조사 대상인 OECD 국가의 나라 중에서 주관적 행복지수가 2014년까지 6년 연속 꼴찌였으며, 최근의 조사에서도 최하위권을 벗어나지 못하고 있다.

〈표 1-30〉 2019년 제11차 어린이·청소년 행복지수 국제비교연구

	주관적 행복		가족과 친구관계		물질적 행복		보건과 안전	
1	네덜란드	116.30	이탈리아	119.72	스웨덴	118.67	핀란드	118.67
2	스페인	115.24	대한민국	114.88	노르웨이	113.83	덴마크	114.89
3			네덜란드	114.82	대한민국	111.80	오스트리아	109.17
4			노르웨이	110.49	일본	110.81	대한민국	108.63
20	대한민국	88.51	포르투갈	108.02	덴마크	109.09	폴란드	108.39

* 출처: 한국방정환재단과 연세대 사회발전연구소(2019), 「어린이·청소년 행복지수 국제비교」

[18] OECD, Education2030, 2018

〈표 1-30〉에서 주관적 행복지수 이외의 나머지 지수들은 모두 객관적 지표를 이용한 통계 결과로서, 한국의 어린이와 청소년들이 처한 객관적인 상황은 최상위권으로 나타나고 있다. 유독 주관적 행복지수만 최하위이다.

왜 객관적인 조건은 괜찮은데 주관적인 행복감은 최악일까? 어린이와 청소년들은 대부분의 시간을 학교에서 보내며, 그들의 가장 중요한 일은 공부이다. 따라서 이들의 주관적 행복감을 좌우하는 가장 중요한 요소는 학교와 교육일 수밖에 없다. 한국의 어린이와 청소년들은 그들이 처한 객관적 상황은 나쁘지 않지만 교육에 의한 스트레스 때문에 세계에서 가장 불행한 유년기와 청소년기를 보내고 있다. 〈표 1-31〉의 조사 결과를 보면 좀 더 정확한 이유를 알 수 있다.

〈표 1-31〉 대한민국 초·중·고등학생의 학습시간에 따른 스트레스

최근 학교나 공부, 성적 등 때문에 괴롭다고 느끼거나 스트레스를 느낀 적이 있습니까?

		자주 있다	가끔 있다	별로 없다	전혀 없다	총계
초등학교	개수	217	468	409	496	1,590
	%	13.6%	29.4%	25.7%	31.2%	100%
중학교	개수	606	767	326	214	1,913
	%	31.7%	40.1%	17.0%	11.2%	100%
일반고	개수	1,110	908	238	103	2,359
	%	47.1%	38.5%	10.1%	4.4%	100%
특성화고	개수	130	126	74	54	384
	%	33.9%	32.8%	19.3%	14.1%	100%
총계	개수	2,063	2,269	1,047	867	6,246
	%	33.0%	36.3%	16.8%	13.9%	100%

* 출처: 청소년인권행동 아수나로(2015), 「대한민국 초·중·고등학생 학습시간과 부담에 관한 실태조사」

일반고 학생의 85.6%가 학업 스트레스를 받고 있다. 초등학생도 무려 43%, 중학생의 71.8%가 역시 학업 스트레스를 받고 있다. 한국의 교육은 철저하게 경쟁과 서열화에 기초해 있다. 이미 초등학교 때부터 주변 친구들과 성적을 비교당하고, 성적이 낮으면 인생의 실패자가 될 것이라 위협을 받는다. 성적이 낮은 학생들은 끊임없이 실패자와 낙오자로 낙인찍히면서 패배감과 열등감에 시달린다. 성적이 높은 학생들도 꼭대기까지 치고 올라가야 한다는 압박감과 지금의 자리를 지킬 수 있을까 하는 불안에 시달린다.

지루한 입시 노동에 장시간 시달리는 것도 커다란 스트레스를 발생시킨다. 초등학생 때부터 학교교육은 물론 사교육 시장을 전전해야 하며, 대입에 가까워올수록 정규수업, 보충수업, 자율학습, 학원수업 등으로 세계 최장의 학습 노동에 시달린다. 어린 시절에는 학교에서, 나이 들어서는 직장에서 세계 최장의 노동에 시달리는 게 한국인의 운명이다.

한국의 학생들은 학습시간이 매우 길고, 성적 향상에 대한 강한 압력에 노출되어 있기 때문에 국제적인 학업성취도 시험 결과는 항상 높게 나온다. 하지만 높은 성적에 비해 학업 흥미도는 최하위를 보여 준다.

〈표 1-32〉 TIMSS 2019 중2 수학·과학 성취도 상위국 순위

수학			과학		
순위	국가	평균	순위	국가	평균
1	싱가포르	616	1	싱가포르	608
2	대만	612	2	대만	574
3	대한민국	607	3	일본	570
4	일본	594	4	대한민국	561
5	홍콩	578	5	러시아연방	543
6	러시아연방	543	5	핀란드	543

<표 1-33> 중2 수학·과학에 대한 태도

과목		교과에 대한 자신감			교과 학습에 대한 흥미			교과에 대한 가치 인식		
		학생 비율(%)			학생 비율(%)			학생 비율(%)		
		매우 자신 있음	자신 있음	자신 없음	매우 좋아함	좋아함	좋아하지 않음	매우 가치 있음	가치 있음	가치 없음
수학	우리나라	8	38	54	8	32	61	14	56	30
	국제 평균	15	42	44	20	39	41	37	47	16
과학	우리나라	9	25	65	12	41	47	16	50	34
	국제 평균	23	39	38	35	44	20	36	42	22

4년마다 실시되는 국제 수학·과학 성취도 평가인 TIMSS의 2019년도 결과를 보면, 한국의 중2 학생들은 참여국 중에서 수학은 3위, 과학은 4위 등 최상위 성적을 기록했다. 하지만 학업 흥미도는 <표 1-33>에서 보는 것처럼 수학을 좋아하지 않는 학생 61%, 과학을 좋아하지 않는 학생 47% 등 국제 평균보다 매우 높은 수준으로 나타났다. 또한 수학·과학에 대한 자신감도 매우 낮고, 교과에 대한 가치 인식도 매우 부정적이다. 이는 한국의 학생들이 공부를 하는 과정에서 흥미와 재미를 느끼기보다는 억지로 공부를 하고 있으며, 강제 학습을 할수록 결국 학습과 공부에 흥미를 잃어 가고 있음을 보여 주는 것이다.

한국의 입시경쟁교육은 가장 행복해야 할 유년기와 청소년기를 고통과 절망, 우울과 죽음 충동으로 얼룩진 시기로 만들고 있다. 어린이와 청소년들이 느끼는 고통과 불행을 조금이라도 줄이려면 입시경쟁교육은 폐지되어야 한다. 다른 모든 이유를 떠나 이것 하나만으로도 더 이상 입시경쟁교육을 방치할 수는 없다.

삶을 옥죄는 사교육

학교 수는 1만 개인데 학원 수는 16만 개로, 학원 수가 학교 수보다 16배나 많은 나라가 대한민국이다. 정부 발표에 따르면, 2020년 초·중·고 사교육비 총액은 약 9조 3,000억 원이다. 2019년의 10조 5,000억 원과 비교하면 11.8% 감소한 금액이다. 그러나 이 수치는 2020년에 코로나19가 유행하면서 일정 기간 학원도 휴업을 하거나 온라인으로 전환했고, 마스크 착용이 어려운 초등학생들의 학원 사교육이 줄어들면서 나타난 일시적 결과로 사교육의 발생 요인이 해소된 것은 전혀 아니다.

〈표 1-34〉 초·중·고 학생 사교육비 총액

(단위: 억 원, %)

구분		2019년	2020년	증감률
전체		105,283	92,849	-11.8
	초등학교	47,837	35,777	-25.2
	중학교	26,399	25,917	-1.8
	고등학교	31,046	31,155	0.3

학생 1인당 사교육비는 2019년과 비교해 전체 학생 기준으로는 32만 2,000원에서 28만 9,000원으로 감소했으나 참여 학생 평균으로는 43만 4,000원으로 오히려 1% 증가했다. 〈표 1-35〉에서 사교육비 상황을 세부적으로 살펴보면 코로나 시기 학원의 휴업과 온라인 강의 등으로 인해 사교육 시장이 조정 국면을 거치고 코로나로 인한 학생들의 건강을 우려하여 초등학생들의 사교육비가 감소했다. 그러나 초등학생과는 달리 대학입시를 앞둔 고등학생의 경우 코로나 시기에도 사교육비가 증가하여 전체 학생 평균

으로는 36만 7,000원에서 38만 8,000원으로 증가했으며, 참여 학생 평균으로 보면 60만 8,000원에서 64만 원으로 5.2%가 증가했다. 코로나 시기에도 대학입시 경쟁은 여전히 치열했고 공교육의 휴업과 온라인 교육의 한계를 상쇄시키기 위해 사교육비 지출이 증가한 것이다. 결국 대학입시에서 차지하는 사교육의 영향력은 이전과 비교해 오히려 더욱 커졌다.

〈표 1-35〉 학생 1인당 월평균 사교육비

(단위: 만 원, %)

구분		전체 학생				참여 학생			
		전체	초등학교	중학교	고등학교	전체	초등학교	중학교	고등학교
2019년		32.2	29.0	34.0	36.7	43.3	34.9	48.0	60.8
2020년		28.9	22.1	32.8	38.8	43.4	31.8	49.2	64.0
	증감률	-10.1	-23.7	-3.4	5.9	0.3	-9.0	2.5	5.2

〈표 1-36〉 가구 소득 수준별 전체 학생 1인당 월평균 사교육비 및 참여율

구분	사교육비(만 원, %)			참여율(%, %p)		
	2019년	2020년	증감률	2019년	2020년	전년 차
전체	32.2	28.9	-10.1	74.3	66.5	-7.9
200만 원 미만	10.4	9.9	-5.2	46.4	39.9	-6.5
200~300만 원 미만	17.0	15.2	-10.8	59.9	50.5	-9.4
300~400만 원 미만	23.6	19.6	-16.9	70.1	60.3	-9.9
400~500만 원 미만	30.2	25.7	-14.9	77.7	67.8	-10.0
500~600만 원 미만	35.7	31.0	-13.0	79.6	71.9	-7.7
600~700만 원 미만	40.5	35.7	-11.8	83.5	74.2	-9.4
700~800만 원 미만	46.7	42.5	-9.1	86.5	79.9	-6.6
800만 원 이상	53.9	50.4	-6.4	84.6	80.1	-4.5

사교육비의 양극화도 심상치 않다. 〈표 1-36〉을 보면, 월평균 가구 소득 800만 원 이상인 가구의 1인당 월평균 사교육비는 50만 4,000원인 반면, 월평균 소득이 200만원 미만 가구의 사교육비는 9만 9,000원으로 5배의 차이를 보인다. 사교육비 참여율에서도 월평균 소득 800만 원 이상인 가구의 사교육 참여율은 80.1%이고, 월평균 소득 200만 원 미만 가구의 참여율은 39.9%에 불과하다. 코로나19 시기에 사교육비와 사교육비 참여율도 소득 상위로 갈수록 감소율이 전반적으로 적은 것으로 나타나면서 양극화가 심해지는 양상을 보이고 있다.

사교육비 격차는 지역별로도 나타나는데, 서울과 지방뿐만 아니라 서울 내에서도 사교육비 격차가 발생하고 있다.

〈표 1-37〉 지역별 학생 1인당 월평균 사교육비

(단위: 만 원, %)

구분	전체 학생					참여 학생				
	전체	서울	광역시	중소도시*	읍면지역	전체	서울	광역시	중소도시*	읍면지역
2019년	32.2	45.3	31.2	32.2	20.3	43.3	56.8	41.8	42.4	31.7

2019년 강남구청에서 실시한 사교육비 조사에 따르면, 강남구의 월평균 사교육비 지출은 다른 지역과 비교할 때 3.7배 높은 것으로 나타났다. 전국의 전체 학생이 1인당 32만 2,000원을 지출했는데 강남구의 경우 118만

〈표 1-38〉 강남구 1인당 월평균 사교육비(2019)

(단위: 만 원)

구분	사교육비 총액	일반 교과/논술	예체능 교과	기타 교과목
전체	118.95	93.30	23.77	1.87

9,000원을 지출했다. 사교육 참여 학생의 서울지역 평균 56만 8,000원에 비해서도 2배 넘게 지출한 것으로 나타났다.[19]

　사교육비를 경감하려면, 근본적인 입시개혁을 통해 사교육 수요를 억제해야 하는 것이 정답이지만, 역대 정부의 정책은 오히려 정부 주도로 새로운 유형의 사교육을 만드는 데 기여해 왔다. 더구나 문재인정부의 수능 정시 확대 등의 대입제도 개편으로 수능 대비 사교육을 증가시켰고, 결과적으로 코로나19 상황에서도 대학입시를 향한 경쟁이 강화되면서 고등학생을 중심으로 사교육비가 증가하는 양상으로 나타났다.

---

[19] 강남구청(2020), 「2019 강남구 사회조사 및 사회지표」.

제 **2** 장

대학무상화

: 공교육과 무상교육

　자본주의 사회에서 공공성 개념은 인간다운 생존과 공동체성의 회복을 위해 만들어진 개념이다. 모든 사람은 사회생활을 해야만 한다. 사회생활은 능력에 따라 차이가 발생하지 않을 수 없다. 그러나 사회 진입을 앞둔 교육 단계에서는 경쟁 원리를 배제시키는데, 이는 모든 사람에게 평등한 교육 기회를 부여하기 위함이다.

　교육 공공성 개념은 이러한 교육 기회의 보장을 위해 역사적으로 확립되었다. 계급 교육을 막고 교육 기회를 보장하기 위해서는 국가의 개입이 필요하다. 즉, 국가가 국민 모두에게 교육의 권리를 인정하고 보장함으로써 교육 공공성 개념이 확보된다.

　교육의 공공성은 ① 국가에 의한 공적 관리(학교의 설립·운영과 학력 인정의 권한), ② 교육 경비의 공적 책임, ③ 교육의 공적 효과 발생으로 구분할 수 있다. 공교육은 모든 사람에게 교육 기회를 보장하기 위해 보편적인 (의무)무상교육을 국가가 실시해야 한다는 근대 시민혁명의 사고에서 출발하기 때문에 (의무)무상교육은 공교육의 핵심적 내용이다.

무상교육은 '교육의 평등' 문제를 해결하려는 노력에서 생겨난 것으로 학생에게 일체의 경비를 부담시키지 않고 무료로 실시하는 교육을 말한다. 무상교육 정도는 해당 국가의 형편에 따라 다르지만 최소한 입학금과 수업료를 면제한다는 점에서는 공통적이다.

공교육의 사상은 우리나라 헌법과 교육법에도 반영되고 있다. 「헌법」에는 의무교육이 무상이라고 명기되어 있고(제31조 제3항), 「교육기본법」 제8조에는 의무교육 기간이 6년의 초등교육과 3년의 중등교육이라고 규정되어 있다.

의무교육은 당연히 무상교육이지만, 의무교육의 대상이 아니더라도 무상교육을 실시할 수 있다. 고등학교 교육은 의무교육이 아니지만 이제는 무상교육의 대상이 되었다. 마찬가지로 고등교육도 무상교육의 대상이 되어야 한다. 여러 국가의 헌법에 무상교육 조항이 있는 것도 같은 맥락에서 이해할 수 있다.

〈그리스 헌법〉
　　제16조(교육, 예술, 과학) ④ 모든 그리스인은 국가 교육 기관에서 제공하는 모든 단계에서 무상교육을 받을 권리가 있다. 국가는 학생의 능력에 따라 탁월한 학생들과 도움이나 특별한 보호가 필요한 학생들에게 재정적 지원을 제공해야 한다.

〈폴란드 헌법〉
　　제70조 ② 공립학교에서의 교육은 무상이다. 다만 공립의 고등교육기관에 의해 제공되는 일정한 서비스에 대하여는 법률로 유상을 허용할 수 있다.

〈포르투갈 헌법〉
　　제74조 ② 교육 정책을 시행하는 과정에서 국가는 다음에 열거한 의무들을 이행한다.

(1-4호 생략)

5호 점진적으로 모든 단계의 교육을 무상으로 실시할 의무

국제 인권규범도 고등교육의 기회균등과 무상화를 권리로서 촉구하고 있다.

〈세계인권선언〉

제26조 ① 모든 사람은 교육받을 권리가 있다. 적어도 초등교육과 기초교육 단계에서는 무상교육을 실시해야 한다. 초등교육은 의무적으로 실시해야 한다. 보통 사람들이 별 어려움 없이 기술교육과 직업교육을 받을 수 있어야 하며, **고등교육 즉 대학교육은 다른 차별 없이 오직 학업능력이 있느냐 없느냐 여부만 따져서 모든 사람에게 똑같이 개방되어야** 한다.

〈경제적, 사회적 및 문화적 권리에 관한 국제규약〉

제13조 ② 이 규약의 당사국은 동 권리의 완전한 실현을 달성하기 위하여 다음 사항을 인정한다.

(a) 초등교육은 모든 사람에게 무상 의무교육으로 실시된다.

(b) 기술 및 직업 중등교육을 포함하여 여러 가지 형태의 중등교육은 모든 적당한 수단에 의하여, 특히 무상교육의 점진적 도입에 의하여 모든 사람이 일반적으로 이용할 수 있도록 하고, 또한 모든 사람에게 개방된다.

(c) **고등교육은 모든 적당한 수단에 의하여, 특히 무상교육의 점진적 도입에 의하여, 능력에 기초하여 모든 사람에게 동등하게 개방된다.**

고등교육과 교육 공공성

초등교육과 중등교육은 (의무)무상교육이 실시되고 있기 때문에 공교육의 범주에 포함된다. 문제는 고등교육이다. 우리 법체계는 고등교육 역시 공공성이 인정되는 공교육임을 인정하고 있다.[주] 그러나 헌법과 교육 관련 법률이 정하고 있는 고등교육의 공공성은 '국가에 의한 공적 관리'(학교의 설립·운영과 학력 인정의 권한)에만 인정되고, '교육 경비의 공적 책임'으로까지 확장되지는 않았다. 「국립학교 설치령」 제20조는 국립대학에도 적용되기 때문에 이 조항만 놓고 보면 국립대학은 무상교육이어야 한다. 그러나 이 조항이 국립대학의 무상교육을 전제로 한 것은 아닌 듯하다.

「국립학교 설치령」
　제20조 이 영에 따라 설립된 학교의 운영에 필요한 경비는 국고에서 부담한다.

「고등교육법」 제7조와 「국립대학회계법」 제4조에 의하면 국가의 대학 운영 경비 부담은 의무사항이 아니다.

「고등교육법」
　제7조(교육재정) ① 국가와 지방자치단체는 학교가 그 목적을 달성하거나, 재난 등 급격한 교육환경 변화의 상황에서 교육의 질을 관리하는 데 필요

[주] 「헌법」 제31조에는 국민의 교육받을 권리가 헌법상의 권리로 규정되어 있다. 그리고 「교육기본법」에는 "교육은 홍익인간의 이념아래 모든 국민으로 하여금 인격을 도야하고 자주적 생활능력과 민주시민으로서 필요한 자질을 갖추게 함으로써 인간다운 삶을 영위하게 하고 민주국가의 발전과 인류공영의 이상을 실현하는 데에 이바지하게 함을" 목적으로 한다(제2조)고 규정되어 있다. 이 조항이 적용되는 교육이란 초·중등교육뿐 아니라 고등교육을 거쳐 심지어 사회교육까지 적용된다. 「교육기본법」 제9조의 학교교육에 고등교육이 포함되어 있고, 제10조는 사회교육에 대해서 규정함으로써 동법의 적용 범위가 이들 학교에게까지 미침을 밝히고 있다.

한 재원(財源)을 지원하거나 보조할 수 있다.

「국립대학회계법」
　제4조(국가 및 지방자치단체의 지원) ① 국가는 국립대학의 교육 및 연구의
　질 향상과 노후시설 및 실험·실습 기자재 교체 등 교육환경 개선을 위하여
　필요한 재정을 안정적으로 지원하여야 한다.
　② 국가는 종전의 각 국립대학의 예산, 고등교육 예산 규모 및 그 증가율 등
　을 고려하여 인건비, 경상적 경비, 시설확충비 등 국립대학의 운영에 필요
　한 경비를 각각 총액으로 지원하여야 한다.

　「국립대학회계법」은 국립대학의 경상비 교부 총액을 구체적으로 정하고
있지는 않다. 따라서 국립대 경상비 예산은 「국가재정법」에 따라 교육부의
예산요구서 제출(제31조), 기획재정부장관의 예산안 편성(제32조), 정부의 예산
안 국회 제출(제33조) 등의 절차를 거쳐 국회에서 예산이 확정된다.

　이 과정에서 국립대를 포함한 고등교육 예산은 고등교육을 바라보는 정
부(경제관료들)의 입장에 따라 결정된다. 만약 정부가 고등교육의 공공성을 인
정하고 보장하려 한다면 그에 걸맞게 예산을 충분히 배분할 것이다. 반대로
고등교육을 사양 산업 정도로 인식하거나, 고등교육은 사적 영역이고 그 비
용을 개인이 부담해야 한다고 보는 경우 고등교육 예산의 확보는 쉬운 일이
아니게 된다.

　사립대학의 경우 설립자인 학교법인의 재정 상황 역시 매우 취약하다. 사
립대학에 대한 국가의 재정 지원도 사업비의 일부에 한정되기 때문에 대학
교육 경비는 대부분 학생에게 전가되고 있다. 사립대학에 대한 공적 책임도
보장되고 있지 못하므로 대학교육 경비는 온전히 개인 부담으로 맡겨지고
있다.

구분	초·중등교육		고등교육		초등교육~고등교육	
	정부 지출	민간 지출	정부 부담	민간 부담	정부 부담	민간 부담
한국	87	13	**38**	**62**	72	28
OECD 평균	90	10	**68**	**29**	83	16
캐나다	91	9	54	46	76	24
핀란드	99	1	92	4	97	2
프랑스	91	9	77	21	87	13
독일	87	13	83	15	86	14
이탈리아	94	5	62	35	86	12
일본	92	8	31	69	71	29
영국	84	15	25	71	66	33
미국	91	9	35	65	68	32

* 1. 한국, 캐나다는 민간 부담 공교육비에 해외 재원 공교육비가 포함됨.
* 2. 캐나다는 초·중등교육 단계에 유아교육 단계 수치가 포함됨.
* 3. 미국은 학자금 대출을 총액(gross)이 아닌 순액(net) 기준으로 산출하여 정부의 이전 지출이 과소평가됨.
* 출처: 「OECD 교육지표 2020」(https://kess.kedi.re.kr/index에서 재인용)

우리나라 초·중등교육은 정부 부담 비율이 높은 데 비해 고등교육은 민간 부담 비율이 매우 높은 편이다. 고등교육 경비를 개인이 부담하게 되는 근거는 「고등교육법」이다.

「고등교육법」

제11조 (등록금 및 등록금심의위원회) ① 학교의 설립자·경영자는 수업료와 그 밖의 납부금(이하 "등록금"이라 한다)을 현금 또는 「여신전문금융업법」 제2조에 따른 신용카드, 직불카드, 선불카드에 이한 결제로 납부 받을 수 있다. 이 경우 학생은 학칙으로 정하는 바에 따라 해당 학기에 납부하여야 할 등록금을 2회 이상으로 분할하여 납부할 수 있다.

사적 부담이 커지는 경우 고등교육은 부실해질 수밖에 없다. 학생 1인당 공교육비 지출액을 보면 알 수 있다.

〈표 2-2〉 교육 단계별 연간 학생 1인당 공교육비(2017)

(단위: $)

구분	초등학교 과정	중학교 과정	고등학교 과정	고등교육 과정
한국	11,702	12,597	14,394	10,633
OECD 평균	9,090	10,527	10,888	16,327
캐나다	10,238	x	13,891	24,671
핀란드	9,633	15,400	8,180	17,730
프랑스	8,319	11,252	14,743	16,952
독일	9,572	11,975	15,466	18,486
이탈리아	9,160	10,073	10,883	12,226
일본	8,824	10,511	11,510	18,839
영국	11,604	11,749	11,480	28,144
미국	12,592	13,654	15,202	33,063

* 1. 한국의 2017년 PPP 환율은 $1당 871.70원이며, 1인당 GDP는 US$41,001임.
* 2. x는 자료가 다른 범주 또는 해당 표의 다른 항목에 포함됨을 의미함(캐나다는 초등학교 과정에 유치원 및 중학교 과정 수치가 포함됨).
* 출처: 「OECD 교육지표 2020」(https://kess.kedi.re.kr/index에서 수정하여 인용)

주요 국가 학생 1인당 공교육비(2017)의 연도별 추이를 보면 아래 그림과 같다.

2020년부터 우리나라 고등학교도 무상교육의 대상이 되어 2021년에 완성되었다. 따라서 이제 고등교육의 무상화도 논의의 대상이 되어야 한다.

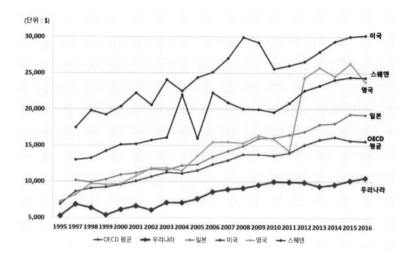

고등교육의 공적 효과

고등교육이 공공재인지에 대해서는 논란이 많다. 사립대학 위주로 고등교육이 짜인 현실만 보면 고등교육은 사적 효과만을 목적으로 하는 사유재의 성격이 강하다. 교육비용 지출이 많은 고등교육에서 개인 부담이 많다는 것이 그 반증이다.

또한 학벌사회의 압력으로 대학이 서열화되고 대학입시가 과열되어 초·중등교육이 경쟁교육으로 왜곡되어 있다. 과열된 대학입시는 과도한 사교육비 지출의 원인이 되고, 이로 인해 중등교육의 무상화 효과가 반감된다. 이런 현실을 보면 고등교육은 공적 효과보다 사적 효과를 중시하는 사유재로 생각될 수밖에 없다.

우리 사회에서 진정한 공교육이 실현되려면, 공교육의 효과가 사적 효과에 매몰되어서는 안 된다. 사유재로 인식되는 현실을 바꾸려면 고등교육을 무상화 혹은 준무상화하여 공적 효과를 높여야 한다. 사회를 대표해서 국가가 공적으로 교육 비용을 부담하는 것이 공교육이라면 교육의 공적 효과가 당연히 발휘될 수 있어야 한다.

공적 효과(사회적 편익)란 개인에 대한 교육을 통해 사회가 얻는 편익을 말한다. 고등교육은 지식의 생산과 보급을 통해 정치, 경제, 사회, 문화 등 모든 영역에서 발전에 기여한다. 민주주의의 유지와 발전(정치), 경제적인 부의 창출(경제), 인권 보장과 범죄의 감소(사회), 인간적인 공동체의 유지(문화) 등 여러 면에서 사회적 편익이 있다.

공적 효과: 정치

고등교육을 이수한 사람은 자기가 속한 국가에 대해서 더 많은 책임감을 부담한다. 그것은 고등교육을 이수할수록 복잡한 정책에 대한 판단이 가능하기 때문이다. 이는 선거에 대한 참여도에서 유의미성을 찾을 수 있다. 프

---

51) 우리나라 대학의 역사를 볼 때 고등교육을 공공재로 인식하기는 쉽지 않다. 한국전쟁 중 대학 입학은 군입대 유예의 특혜가 부여되었다. 사립대학에도 이러한 혜택이 부여되었다. 그 결과 부정입학을 비롯해 무적격자 입학이 성행했다. 이런 부정이 가능했던 것은 대학이 입시 자율권을 가졌기 때문이다. 이로 인해 1954년에 국가 연합고사가 도입되었다(안준영, 「광복70」 해방 후 16차례 바뀐 대입 변천사」, 〈뉴스1〉, 2015. 1. 2). 1970년대 대기업 입사조건은 4년제 대학 졸업(예정)자에 한정되었다. 1980년대에는 대학졸업자가 아니면 인간 취급을 받지 못했다. 학벌사회의 형성으로 명문 대학 입학을 위한 경쟁이 치열해졌다. 현재도 결혼정보회사는 고졸 남자를 회원으로 받지 않고 있다.

52) 사적 효과란 개인이 교육을 통해 얻는 개인적 편익을 말한다. 고등교육을 통해 좋은 직업과 높은 임금을 받게 되는 효과이다. 사적 편익율이 높다면 수혜자인 개인이 더 교육비를 부담해야 한다. 영국 브라운 보고서에서 개인이 고등교육을 통해 얻는 편익은 평균적으로 공적 편익보다 50% 이상 높다는 경제개발협력기구(OECD)의 연구서를 인용하고 있다. 브라운보고서에 따라 등록금이 폭등한 것은 2010년 보수-자유당의 연립정부에서의 일이다. 재정 긴축의 일환으로 교육 예산을 80%나 대폭 삭감했다. 이로 인해 등록금은 최고 3배 인상되어 대학생 1인당 9천 파운드까지 등록금을 부담하게 되었다. 임재홍(2015), 「신자유주의 시대 대학의 지배구조」, 문화과학사, 『문화과학』 2015년 여름호(제82호), 131~132쪽.

랑스의 경우 고등교육을 무상으로 하는 이유는 국민의 정치참여와 민주주의의 확보를 중요 사안으로 인식했기 때문이다.

우리나라 고등교육은 1980년대까지는 엘리트 교육이었고, 1990년대 초에 대중 교육 수준으로 그리고 2000년대 들어 보편 교육이 되었다.

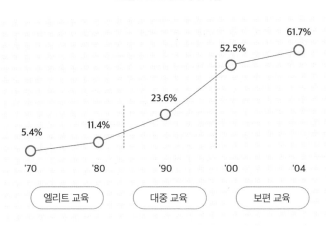

〈그림 2-2〉 고등교육 취학률

고등학교 취학률=(취학생 수/학령인구)

고등교육의 확대는 교육이 노동인력을 배출함으로써 경제적 발전의 기회를 제공한 것처럼, 정치를 정상화시킬 수 있는 가능성을 보여 준다. 교육이 경제·정치 발전을 넘어 사회 발전을 위한 개혁의 여건을 조성하는 것도 기대해 볼 수 있다.

공적 효과: 사회·경제

사회적으로 보아도 교육은 범죄를 줄이고 상호 간에 인권 존중을 하도록 만들어 막대한 외부 효과를 발생시킨다. 더 중요한 것은 배움이 나뿐만 아니라 타인에게도 도움이 되는 공적 효과인데, 이것이 바로 사회권의 보장과 사회국가로의 진입이다.

국가가 인간에게 사회권을 보장하는 것은 '모든 사람의 존엄성에 대한 보편적 존중' 때문이다. 사회권이 추구하는 가치는 경제성장, 사회 불안 해소, 위기관리 등의 수단이 아니라 무엇보다 인간 존엄성을 목적으로 한다. 중요한 것은 사회권을 보장하기 위해서는 사회보장이 필요하고 어떻게 그 재원을 마련할 것인가이다.

우리나라는 민주주의 체제로의 이행기를 거치면서 각종 사회보험 제도와

〈표 2-3〉 소득세와 근로자 부담(2019)

	Single no ch 67 (% AW)	Single no ch 100 (% AW)	Single no ch 167 (% AW)	Single 2 ch 67 (% AW)	Married 2 ch 100-0 (% AW)	Married 2 ch 100-67 (% AW)[2]	Married 2 ch 100-100 (% AW)[2]	Married no ch 100-67 (% AW)[2]
Australia	18.1	23.6	30.5	18.1	23.6	21.4	23.6	21.4
Austria	27.7	33.2	38.1	16.4	25.6	27.3	30.1	31.0
Belgium	31.2	39.3	47.4	25.4	27.3	34.5	37.8	36.1
Canada	18.7	23.2	26.4	10.9	18.7	21.6	23.2	21.6
Chile	7.0	7.0	8.3	7.0	7.0	7.0	7.0	7.0
Czech Republic	22.0	25.0	27.4	4.5	7.2	16.8	19.1	23.8
Denmark	32.8	35.6	41.1	31.1	31.6	34.5	35.6	34.5
Estonia	10.8	16.0	21.3	7.6	11.4	12.6	15.0	13.9
Finland	22.4	30.0	37.7	22.4	30.0	27.0	30.0	27.0
France	23.3	27.3	33.2	20.8	20.8	23.0	25.4	26.6
Germany	34.4	39.3	43.4	18.0	21.3	31.1	33.8	37.1
Greece	21.1	26.1	33.2	20.4	26.6	24.7	26.6	25.2
Hungary	33.5	33.5	33.5	17.4	22.7	27.0	28.1	33.5
Iceland	25.4	28.7	33.9	25.4	21.7	27.4	28.7	27.4
Ireland	16.3	25.9	35.5	11.3	15.7	21.4	25.9	21.4
Israel[1]	11.7	18.3	27.9	4.2	18.3	13.4	16.3	15.2
Italy	22.4	31.6	39.5	15.0	25.0	25.1	29.4	27.9
Japan	20.6	22.4	26.1	20.6	21.0	21.7	22.4	21.7
Korea	11.9	15.3	19.3	9.3	13.2	13.0	14.5	14.0
Latvia	25.2	28.7	29.0	12.5	20.2	22.2	24.4	27.3
Lithuania	33.0	36.1	38.7	33.0	36.1	34.4	36.1	34.8
Luxembourg	21.1	29.9	38.1	14.2	18.4	24.1	28.4	24.1
Mexico	5.0	10.8	15.4	5.0	10.8	8.5	10.8	8.5
Netherlands	21.5	29.7	37.9	13.5	28.5	23.2	27.0	26.4
New Zealand	13.9	18.8	24.3	15.1	18.8	17.3	18.8	16.8
Norway	23.8	27.3	33.9	21.1	27.3	25.9	27.3	25.9
Poland	24.3	25.0	25.6	22.9	20.3	22.5	23.1	24.7
Portugal	21.7	26.9	33.6	12.2	16.2	20.6	23.7	24.5
Slovak Republic	21.4	24.2	26.5	15.4	14.5	20.7	22.2	23.1
Slovenia	30.7	34.5	38.6	24.8	26.1	29.1	31.3	33.0
Spain	16.8	21.4	27.2	2.5	14.5	17.5	19.7	19.6
Sweden	21.8	24.7	35.6	21.8	24.7	23.5	24.7	23.5
Switzerland	14.5	17.4	22.4	8.7	10.9	14.8	16.8	17.2
Turkey	24.6	28.5	32.6	22.8	26.5	26.2	27.9	26.9
United Kingdom	19.1	23.3	29.5	10.6	22.7	21.6	23.3	21.6
United States	21.5	24.0	28.9	2.9	12.2	17.8	20.2	22.4
Unweighted average								
OECD-Average	**21.4**	**25.6**	**31.2**	**15.7**	**20.5**	**22.2**	**24.4**	**24.1**
OECD-EU 23	**24.1**	**29.0**	**34.4**	**17.1**	**22.1**	**24.6**	**27.0**	**27.0**

Note: ch = children
1. Information on data for Israel: http://oe.cd/israel-disclaimer.
2. Two-earner family.

*출처: OECD (2020), "Table 3.2-Income tax plus employee contributions, 2019: As % of gross wage earnings, by household type and wage level", in Tax burden comparisons and trends, OECD Publishing, Paris, https://doi.org/10.1787/c501b7f5-en.

최저임금제 등이 도입되었다. 하지만 복지제도의 역진성과 선별성, 광범위한 사각지대(불완전 고용 상태의 불안정 노동자, 영세 자영업자 배제 등)가 존재한다. 그럼에도 불구하고 사회보장을 위한 증세에는 누구나 소극적이다. 유럽 국가들과 비교할 때 우리나라의 소득세율은 매우 낮은 편이다. OECD 국가 중 우리나라보다 소득세율이 낮은 나라는 칠레와 멕시코뿐이다. 〈표 2-3〉에서 보듯이 가구 유형별 및 임금 수준별 총임금소득에서 소득세 비율을 보면 우리나라는 OECD 국가 평균보다 매우 낮으며, 거의 하위 그룹에 속해 있다.

소득세 비율이 낮으면 당연히 노동자의 사회보장 부담 비율도 낮아질 수밖에 없다. 우리나라의 경우 노동자가 소득세를 통해 사회보장에 기여하는 부담 역시 OECD 국가 평균보다 매우 낮으며, 거의 하위 그룹에 속해 있다.

유럽 국가들은 소득세 등을 기반으로 사회보장을 확실히 시행한다. 개인소득세는 2019년 유럽 OECD 국가 중 세 번째로 중요한 세수로, 총 세수의 평균 23.5%를 차지하고 있다. 다음으로 큰 비중을 차지하는 것이 사회보험세(29.5%)이다. 사회보험세는 일반적으로 실업보험, 건강보험 및 노령보험과 같은 특정 사회 프로그램을 위해 사용된다. 이러한 재원을 기반으로 퇴직 후에는 학력이나 직업과 무관하게 노후보장이 된다.

이러한 세원은 소득이 높은 계층이 부담한다. 고등교육을 받고 높은 임금을 받는 계층이 공동체를 위해 개인소득세를 많이 부담하는 것이다. 이렇게 고등교육을 통해 높은 임금을 받는 계층이 공동체를 위해 고율의 소득세를 부담하는 것은 고등교육의 공적 효과로 볼 수 있다. 공적 효과의 전제는 바로 무상교육이다.

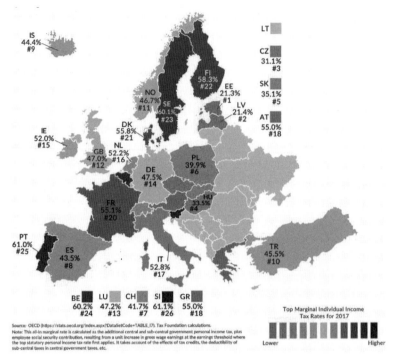

출처: https://taxfoundation.org/reliance-on-individual-income-taxes-in-europe-2021/

우리나라는 아직 사회·경제 영역에서 고등교육의 공적 효과를 기대하기가 힘들다. 무엇보다 노후, 질병, 실업 등의 문제에 대해서 개인 스스로 대처해야 한다. 여기서 좋은 직장, 높은 임금에 대한 욕구가 발생한다. 이를 위해서는 서열이 높은 대학 진학에 목매달게 된다. 교육권이 사회권의 주요한 축임에도 불구하고 공교육이 왜곡되는 이유이다.

교육이 공정하게 '계층 이동의 사다리' 역할을 하려면 사회적 압력에 의해 왜곡되지 않도록 해야 한다. 즉, 소득세 비율을 누진적으로 높이는 것을 포함한 증세 정책을 통해 제대로 된 사회보장을 함으로써 교육이 사적 목적에 의해 지배되지 않도록 해야 한다. 고등교육의 공적 효과를 높이려면 고등교육의 비용을 개인보다는 공동체가 더 부담해야 한다.

공적 효과의 왜곡: 사적 효과가 극대화된 학벌사회

우리나라는 고등교육의 의사도 능력도 없는 학생들까지 대학에 진학해야 하는 분위기가 만들어져 있다. 그래서 비효율이 초래되고, 배움이 교육이 아니라 '강제 교육노동'으로 변질되고 있다. 누구에게나 교육 기회가 균등하게 보장되어야 하지만, 생존의 문제라는 이유 때문에 강제 교육이 되지 않도록 해야 한다. 한때 대학 졸업장이 없으면 노동시장뿐만 아니라 결혼이나 사회생활에서도 인간 대접을 받질 못했다. 자기 돈을 들여서라도 해야 하는 경쟁이 치열한 강제 노동, 이것이 우리나라 교육의 현주소이다.

우리 교육문제의 배후에는 학벌사회가 있다. 몇몇 소수 대학 출신이 이너서클(inner circle: 정치·경제 분야에서 의사결정에 결정적 영향력을 행사하는 소수 특권층)을 형성하고 국가권력을 장악하고 있다. 여기서 취득한 정보로 불법적 이익까지 취득하고 있다. 이런 학벌사회에서 대학서열화와 대학입시 과열, 초·중등교육의 왜곡이 초래되는 것은 어떻게 보면 당연한 일이다.

공교육 정상화: 공적 효과의 촉진

학벌사회와 서열화된 대학 문제를 해결하는 출발점은 고등교육의 사적 효과보다 공적 효과를 강화시키는 것이다. 고등교육은 막대한 외부 효과를 만들어 내는 공공재로서 교육을 받지 못한 이들에게 외부적 혜택을 부여한다. 너불어 고등교육은 가치재이면서 기회균등을 위한 효과적인 도구이다. 기회균등의 중요성으로 인해 정부가 교육에 보조금을 지급해야 한다는 데는 보편적으로 동의하고 있다.

고등교육의 공공성이 인정되면 고등교육에서 국가의 역할은 정당화된다. 교육에 대한 투자는 개인보다 정부가 하는 것이 더 적절하기 때문이다. 복지 국가에서 고등교육의 공공재(혹은 준공공재)적 성격은 당연한 것으로 인정되었다. 따라서 국가가 교육을 제공하고 그 공적 재원을 조달하는 것이 기본 원칙으로 확립되었다.

공공성을 강화하는 방안으로 고등교육의 무상화만큼 좋은 정책은 없다. 무상교육은 교육의 기회를 보다 더 넓힘으로써 실질적인 평등을 추구할 수 있게 한다. 고등교육의 기회를 확장시키면 개인은 지적 시야와 관심과 잠재력을 확장하여 더 나은 삶을 누릴 수 있게 된다.

물론 고등교육을 무상화한다고 해서 모든 것이 해결되는 것은 아니지만, 교육의 목적에 대한 국민의 인식 변화에 이보다 좋은 정책은 없다.

: 대학 무상교육

    우리나라는 균등한 교육 기회의 보장을 위해 (의무)무상교육을 순차적으로 확대해 왔다. 「헌법」 제31조 제2항은 의무교육을 규정하고 제3항에서 의무교육은 무상임을 명기하고 있다. 「교육기본법」 제8조는 의무교육의 기간을 6년의 초등교육과 3년의 중등교육으로 규정[50]하고 있다.[51] 이제 고등학교에서도 무상교육이 실시되고 있다.

    무상교육이 계속적으로 확대되는 추세지만, 역설적으로 현실에서 공교육은 붕괴되고 있다 그 붕괴의 대표적인 현상으로 다음 두 가지를 들 수 있다.

    하나는 모든 사람을 위한 공교육이라는 이념과 달리 상당수의 학생들이 학교에서 무시되거나 배제되고 있다. 중등교육은 서열 높은 명문 대학에 진학하는 학생들을 위한 교육으로 변질되었다. 입시 위주의 교육, 학벌사회,

---

[50] 1984년 「교육법」의 개정으로 중학교 교육을 (의무)무상교육에 편입시켰다. 이에 따라 중학교 교육은 헌법 제31조 제2항의 체계 아래 헌법 제31조 제3항에 따라 무상의무교육의 법적 규율을 받게 되었고, 이로부터 보호자는 자신의 자녀 등을 반드시 취학시켜야 할 법적 의무를 지게 되었다.

[51] 「초·중등교육법」 제12조 제4항이 "국립·공립학교의 설립자·경영자와 제3항에 따라 의무교육 대상자의 교육을 위탁받은 사립학교의 설립자·경영자는 의무교육을 받는 사람으로부터 수업료를 받을 수 없다"고 하여 의무교육 단계에서의 수업료 무상을 법제화하고 있다.

대학서열화가 그 원인이다.

다른 하나는 공적으로 보조하는 공교육비만큼이나 많은 사교육비를 학부모들이 지출하고 있다는 사실이다. 대학 운영 경비가 1년에 19조 원인데 대학입시를 위한 사교육비가 이와 비슷한 19조 원 수준이다.[53] 정부 통계로도 2019년 기준 10조 5,000억 원에 이른다. 여기에 족집게 과외 등 불법 과외, 스펙을 쌓는 데 드는 컨설팅 비용 등 통계에 잡히지 않는 사교육 비용까지 합산하면 약 40조 원 정도로 추산된다.[54]

초·중등교육의 정상화를 위한 대학 무상교육

엄청난 사교육비는 서열 높은 대학, 취직 잘되는 학과, 전문대학원(의학전문대학원, 법학전문대학원)에 입학시키고자 하는 욕망의 달성 수단이다. 우리나라에서 교육은 공적인 기능을 전혀 하지 못하고 있고, 개인적 욕망만 남았다. 따라서 경쟁에서 살아남기 위한, 경쟁에서 우위를 점하기 위한 수단이 발달하고 사교육과 스펙 쌓기에서 유리한 계층은 자녀에게 사회적 지위를 세습하는 수단으로 교육을 변질시켜 버렸다. 이것이 공교육이 무너지는 근본 원인이다. 정확히 말하면 국가가 이러한 상황을 해결하기 위한 대책을 내놓지 않고 묵인하는 것이 공교육 붕괴의 원인이다.

공교육이 붕괴되는 상황에서 무상교육의 효과는 반감될 수밖에 없다. 그 직접적인 원인은 사교육에 의존하여 개인의 욕망을 실현하는 것이고, 그 배후에 학벌사회가 있다. 따라서 그 해법 역시 학벌사회의 문제를 해소하기 위한 대책과 맥락을 같이해야 한다.

학벌사회 문제 해결을 위한 사회정책 추진을 전제로 하여 공교육의 정상화와 사교육의 철폐가 필요하다. 공교육의 정상화와 사교육의 철폐라는 정책에 대해서는 많은 논란이 유발될 수 있다. 그러나 언젠가는 가야 할 길이라면 힘들고 어렵더라도 시작해야 할 일이다. 무엇보다 좋은 대학에 입학하는 것이 아니라,[55] 제대로 된 대학교육과 더불어 살아가는 공동체 유지를 교육 목적으로 합의해야만 한다.

현재의 사교육은 공교육에서 부족한 부분을 보완하는 선을 넘어 신분 상속의 수단이 되어 버렸다. 특권 대물림이든, 비자산적 상속[57]이든 교육을 통한 신분 상속의 가능성을 차단할 수 있어야 한다. 「공교육 정상화 촉진 및 선행교육 규제에 관한 특별법」과 「학원의 설립·운영 및 과외교습에 관한 법률」의 개정을 통해 공교육을 중심으로 하면서, 공교육을 대체하는 내용의 사교육을 최대한 금지시킴으로써 해결책을 구할 필요가 있다.[59]

사교육을 철폐하고 공교육을 정상화시키는 여러 가지 정책 중에서 고등교육의 전반적인 수준 향상 및 대학의 서열 완화 혹은 대학평준화 정책이 필요

55) 남윤서(2019. 3. 12), 「2018 사교육비 월 평균 29만 원 역대 최고, 3년 연속 급등」, 〈중앙일보〉.

56) 2019년도 기준 우리나라 1년 예산이 약 470조 원 정도이고, 이 중 교육 예산이 75조 2,052억 원이다. 유아·초·중등교육 예산이 59조 8,011억 원임을 감안하면 사교육비 문제는 교육만의 문제를 넘어 국민경제적 관점에서 접근할 필요가 있다.

57) 서열 높은 대학에 입학하기 위해 40조 원에 가까운 사교육비를 사용하는 데 비해 대학운영경비는 20조 원에 불과하다. 또한 대학에 입학한 대학생들은 대학교육을 위한 공부 시간이 턱없이 적다. 통계청의 '2019년 생활시간조사 결과' 발표에 의하면, 2019년 하루 평균 학습시간이 초등학생은 4시간 46분, 중학생은 5시간 57분, 고등학생은 6시간 44분이지만, 대학생 이상 학생 계층은 3시간 29분에 불과했다. 그럼에도 불구하고 우리나라는 OECD 국가 중에서 일본 다음으로 대학 중도탈락률이 낮은 국가이다. 입학이 아니라 제대로 된 교육을 받고 졸업하도록 만들 필요가 있다.

58) 시민단체인 사교육걱정없는세상은 이를 두고 '특권 대물림 교육'이라고 표현했다(사교육걱정없는세상, 문재인 대통령이 천명한 '강력한 교육개혁' 방향 관련 기자회견, 2019. 9. 19, 1쪽). 조희연 서울시교육감은 '교육을 통한 비자산적 상속 과정'이라고 표현했다(김영희(2019. 10. 1), 「조희연 "'비자산적 상속' 통로 된 교육… 정의로운 차등 정책 필요」, 〈한겨레〉).

59) 「학원의설립·운영에관한법률」 제3조(과외교습)의 위헌소송에서 헌법재판소는 '부모의 자녀에 대한 교육권'을 헌법상의 권리로 인정하여 동 조항이 과도하게 기본권을 제한하고 있다고 보고 있다(헌재 2000. 4. 27. 98헌가16, 98헌마429(병합) 전원재판부 결정). 그러나 현재처럼 사교육이 신분 상속의 수단으로 전락한 상황에서 부모의 교육권, 과외교습을 하고자 하는 개인의 직업선택의 자유 및 행복추구권보다는 사회적·경제적 약자도 능력에 따른 실질적 평등교육을 받을 수 있도록 적극적인 정책을 실현해야 할 국가의 의무를 중시할 필요가 있다.

하다. 더불어 고등교육의 무상화 혹은 준무상화 정책이 요구된다.

학벌사회 해체, 대학서열화 철폐는 대학체제 개편의 출발점이다. 이러한 목적을 달성하기 위해 공동입시를 골자로 하는 대학네트워크 구성이 논의되고 있다. 대학네트워크를 통해 대학서열 해소에 참여하는 대학부터 무상화 정책을 펴는 것을 적극적으로 고려해야 한다.

대학무상화의 구체적 방안

일반적으로 공교육의 무상화는 초·중등교육의 무상화가 우선적으로 추진되고 이후 경제 발전과 사회복지의 진전 정도에 따라 유아교육과 대학교육에 대한 무상화가 진행되었다. 북유럽의 여러 나라들은 공교육체제의 출범 단계에서 대학까지 아우르는 공교육체제를 만들어 왔으며 대학교육도 무상화로 시작하였다. OECD의 덴마크, 핀란드, 스웨덴, 노르웨이 등은 대학 등록금이 무상이며 독일, 프랑스 등은 1년에 20만 원 내외에 불과하다. 즉 대학교육도 사회와 국가가 책임지는 교육체제로서 기본적으로 공교육체제의 일부이며, 국가의 재정적 조건이 가능해지는 상황에서 대학무상화는 자연스러운 귀결이다.

고등교육 무상화는 다양한 방식으로 가능하다. 다만 몇 가지 고려할 사안이 있다. 첫째, 사립대학에 대한 재정 지원이 타당한가의 문제이다. 종래 사립대학을 포함한 사립학교는 부정부패와 권한남용 등 위법 행위에 많이 노출되었고, 현재도 해결되지 못하고 있다. 사립대학에 대한 국민의 불신도 강한 편이다.

이런 사립학교에 대한 국가의 재정 지원을 바람직하다고 생각하는 국민은 많지 않을 것이다. 따라서 사립대학에 대한 재정교부가 이루어지기 '이전에 또는 병렬적으로' 사립대학의 재정회계를 공정하고 투명하게 만들어야 한다. 더불어 대학의 거버넌스 구조를 민주화시켜야 한다. 사립대학의 혁신이 필요하고, 공적 지원은 이러한 혁신을 뒷받침할 수 있어야 한다.

둘째, 「고등교육재정교부금법」 제정 논의가 지지부진한 이유이다. 종래 「고등교육재정교부금법」 입법을 위해 법률안이 여러 번 제출되었다.[60] 그러나 입법은 여전히 불투명하다. 그 원인으로 「고등교육재정교부금법」의 제정이 법체계상 가능한지의 문제가 있다.

재정교부금이란 국가와 지방자치단체 간의 재정균형을 맞추어 주는 제도이다. 따라서 국가사무인 대학에 대한 재정 지원을 위해 재정교부금제도를 도입하는 것은 재정 조정제도의 취지와 맞지 않는다.[61] 「고등교육재정교부금법」을 도입하기 위해서 국가사무로 되어 있는 고등교육 업무[62]를 지방자치단체의 업무로 전환해야 하는데, 이는 재정교부금제도의 도입보다 더 복잡한 문제이다. 하지만 「지방교육재정교부금법」에 의한 재정 교부제도가 초·중등교육의 재정을 안정시킨 점을 감안하면 「고등교육재정교부금법」 제정의 취지를 살릴 수 있는 보완적 제도를 도입하는 방식으로 문제를 해결하면 될 것이다.

---

[60] 2009년 18대 국회부터 현재 2021년 21대 국회에 이르기까지 고등교육재정교부금법안이 다수 제출되었다. 21대 국회에서는 조승래 의원이 국립대학법안에 국립대학재정교부금제도를 포함시켜 대표 발의하였다.

[61] 「지방교육재정교부금법」에 의한 지방교육재정교부금이나 「지방교부세법」에 의한 지방교부세는 국가와 지방자치단체 간의 재정조정의 일환으로 국가가 기준재정수입액이 기준재정수요액에 미치지 못하는 지방자치단체에 대해 그 부족한 금액을 지원하는 제도이기 때문에 그러하다. 문병효(2020), 「고등교육재정교부금법의 필요성과 주요 내용」, 대학정책학회 학술 심포지엄: 대학 주요 현안(네트워크, 재정, 거버넌스) 토론회(2020. 12. 4) 자료집, 83쪽.

[62] 「고등교육법」에 의하면 학교는 교육부장관의 지도(指導)·감독을 받으며(제5조), 국가 외의 자가 학교를 설립하려는 경우에는 교육부장관의 인가를 받아야 한다(제4조 제2항). 이것은 고등교육과 대학에 대한 업무가 국가사무임을 전제로 한 것이다.

종래 논의된 고등교육재정교부금법안은 기준재정수요액과 기준재정수입액을 계산하여 그 부족한 부분을 국가가 재정교부하는 방식을 취하고 있다. 그리고 교부금을 보통교부금과 특별교부금으로 구분하는데, 보통교부금은 인건비, 운영비, 시설비지원금으로 사용하고, 특별교부금은 강사 지원, 천재지변으로 인한 특별한 재정 수요 시 사용하는 재원으로 보고 있다. 고등교육재정교부금법안에서 구상하고 있는 기준과 재정교부 방식을 '법률'에서 일반예산으로 편성하는 방식을 취하면 법적인 문제는 없다. 즉, 고등교육재정교부금법안의 재정교부금 중 보통교부금은 일반회계로, 특별교부금은 특별회계로 규정하면 된다.

우리나라 고등교육이 부실한 원인은 사립대학 위주의 고등교육체제만의 문제는 아니다. 국립대학도 인건비, 운영비, 시설비지원금에 대한 지원이 턱없이 부족하다. 따라서 대학생의 수업료를 점진적으로 인하하면서 인건비 등에 대한 지원금을 상향시키면 무상교육에 도달할 수 있다. 다만, 교육 여건도 개선하면서 무상교육을 실시하려면 대학에 대한 재정 지원금이 상당한 액수에 이를 수 있기 때문에 일거에 무상교육을 도입하는 것보다는 일정 기한을 정해 점진적인 방식으로 도입하는 방안도 생각해 볼 수 있다.

이상의 논의를 감안하여 고등교육의 무상화 방식을 구체적으로 제시하면 다음과 같다.

〈고등교육의 무상화 방식〉
　　경로 1:「고등교육법」의 개정을 통해 모든 대학을 대상으로 무상교육 실시
　　경로 2:「국립대학법」과「사립대학법」의 제정을 통해 국립과 사립대학 별도
　　　　　로 실시

① 대학 무상교육을 실시하는 가장 효과적인 방법은 「고등교육법」에 대학 무상교육을 법정하는 방안이다. 이것은 국·사립을 불문하고 대학에 대한 재정 지원을 일반예산으로 지원하는 방식이다.

　이 방식을 채택하는 경우 모든 대학의 문제를 일거에 해결하는 장점도 있다. 그러나 사립대학의 거버넌스나 재정·회계의 투명성·공정성을 규정하는 제도의 도입이 어려워지면 오히려 국립대학의 무상교육까지 어려워지는 단점이 있다.

② 다른 하나는 국립대학과 사립대학의 무상교육을 별개의 방식으로 추진하는 방식이다. 국립대학은 이미 재정회계와 관련해서는 「국립대학회계법」이 마련되어 있다. 따라서 「국립대학법」의 제정(혹은 「국립대학회계법」의 개정)을 통해 국립대의 일반 예산에서 기준재정수요액과 기준재정수입액을 계산하여 그 부족분을 지원하도록 구체적으로 규정하면 된다. 그리고 학생들의 수업료를 낮추면서 공적 지원금을 증액하여 무상으로 가면 된다.

사립대학은 재정회계 및 거버넌스를 개선하는 대학부터 점진적인 무상교육을 실시하면 된다. 구체적인 방식으로는 「사립대학법」(혹은 「공영형사립대학법」)의 제정을 통해 가능하다. 다만, 사립대학의 완전 무상화를 위해서는 상당히 많은 쟁점들이 있고 이를 해결하려는 노력이 경주되어야 한다.

대학무상화에 따른 대학평준화

'학벌사회와 대학의 서열구조'가 우리 교육문제의 뿌리이다. 우리 사회에서 고등교육은 특권 대물림 또는 신분 상속의 수단이 되고 있다. 당연히 고등교육은 사유재로서 경합적이고 배타적 상품이 되어 버렸다. 이에 대한 대책은 다양할 수 있지만, 서열의 완화 혹은 대학평준화 정책도 고등교육의 공공성을 강화하고 초·중등교육 정상화를 가져오는 핵심적 방안이다.

서열화된 대학구조가 학벌사회를 재생산하는 제도적 기반이 되는 점을 감안하면 프랑스나 독일의 평준화된 대학체제를 적극적인 대안으로 고민해야 한다. 물론 사립대학의 비중이 높다는 점은 한계 요인이 되겠지만, 공영형 사립대학 정책 등[64]을 포함하여 국공립대학의 신설 혹은 확대 정책, 사립대학의 국공립화 등의 정책을 가미한다면 대학의 서열 완화는 불가능한 목표가 아니다.

정부가 이런 정책을 펴지 못하는 이유는 고등교육을 사유재로 인식하는 경향 때문이다. 고등교육을 사유재로 보면 대학서열화도 초·중등교육의 왜곡도 시정할 수 없다. 초·중등 무상교육의 효과를 심각하게 훼손하는 막대한 사교육비 문제도 해결하지 못하게 된다. 고등교육의 공공성을 강화하는 제일 좋은 방법은 무상교육의 시작이다. 고등교육의 공공성이 강화되면 초·중등교육의 공공성도 회복될 것이다.

[64] 임재홍(2018), 「공영형 사립대학 육성: 필요성과 지배구조」, 민주평화연구원, 『민주평화연구』 제1호, 3~23쪽.

대학무상화,
우리나라 재정 상황으로 가능한가?

평균 등록금과 학령인구

우리나라는 사립대학이 대부분으로 재학생의 76%를 차지하고 있는데, 등록금은 국공립교육기관의 2배 정도인 1,000만 원에 육박하고 있다. 이러한 등록금 액수는 세계에서 미국, 호주, 일본에 이어 4번째로 비싸다.

〈표 2-4〉 세계 여러 나라의 평균 등록금

	25세 이전 대학 최초 입학률(%)	국공립교육기관 (정부의존형 사립 교육기관)		독립형 사립 교육기관	
		재학생 비율(%)	평균 등록금($)	재학생 비율(%)	평균 등록금($)
한국	56	24	4,886	76	8,760
덴마크	47	99	0	0	
핀란드	42	39	0	미집계	미집계
그리스	64	100	0		
노르웨이	52	82	0	13	5,680
슬로베니아	65	85	0	9	0
스웨덴	30	95	0	미집계	미집계
독일	39	87	133	13	4,908
프랑스		86	237	13	자료 없음

* 자료 제출 국가 중 한국의 등록금은 국공립대학이 8번째로 높았으며, 사립대학(독립형)은 4번째로 높았음(「OECD 교육지표 2019」).

2020년 사립대학총장협의회가 집계한 2020년 평균 등록금은 다음과 같다.

〈표 2-5〉 2020년 대학 설립별·계열별 연간 평균 등록금 현황

(단위: 원)

구분	전체 평균	인문사회	자연과학	예체능	공학	의학
사립대(153개교, 분교 5)	7,176,000	6,307,000	7,677,000	8,065,000	8,107,000	10,274,000
국공립대(30개교)	4,083,000	3,477,000	4,176,000	4,469,000	4,368,000	7,834,000
교육대학(10개교)	3,294,000	3,294,000	3,347,000	3,347,000	-	-
과학기술원(4교)	4,211,000	6,083,000	4,241,000	-	5,071,000	-
사이버대(17개교)	2,547,000	2,540,000	2,523,000	2,658,000	2,641,000	-
사립 전문대(128개교)	5,948,000	5,234,000	6,093,000	6,213,000	6,022,000	-
국공립 전문대(9개교)	2,406,000	2.131,000	2,598,000	2,347,000	2,512,000	-
폴리텍대학(29개교)	2,332,000	-	-	2,149,000	2,339,000	-

* 대학알리미 기준임
* 자료: 한국사립대학총장협의회

2020년 사립대학 평균 등록금은 717만 원이고 국공립대학은 408만 원이다. 전문대의 대부분을 차지하는 사립전문대학은 594만 원이다. 사립대학과 국공립대학의 2개 부류만 평균 등록금을 산출할 경우 평균 등록금은 643만 4,000원이다.

평균 등록금 산출
(4,083,000 x 24 + 7,176,000 x 76) /100 =6,434,000

한편 대학생 학령인구수는 〈표 2-6〉에서 보는 것처럼 2020년 230만 명에

「OECD 교육지표」에 따르면 2019년 한국의 국공립대학과 사립대학을 합한 평균 등록금은 7,830$ 이다
평균 등록금 산출 (4,886 x 24 + 8,760 x 76) /100 =7,830 ($)

서 2030년 179만 명으로 51만 명이 감소한다. 이러한 학령인구 감소 경향이 지속되어 2040년에는 대학 학령인구가 115만 명으로 2020년의 절반 수준으로 줄어들 것이다.

〈표 2-6〉 내국인 유소년인구 및 학령인구, 2020~2040년

(단위: 만 명, %)

		'20	'25	'30	'35	'40
내국인		5,005	4,992	4,980	4,942	4,858
유소년인구 (0-14)	인구	623	544	489	483	489
	구성비	12.4	10.9	9.8	9.8	10.1
학령인구 (6-21)	계	772	679	597	536	508
	초(6-11)	269	229	175	195	204
	중(12-14)	135	138	112	84	99
	고(15-17)	137	135	130	94	89
	대(18-21)	230	176	179	163	115
대학 진학 대상(18세)		51	45	46	37	28

* 자료: 통계청

아울러 2020년 초·중등학생은 542만 명에서 2030년 418만 명으로 124만 명이 감축되어 초·중등교육에 소요되는 무상교육 예산이 줄어들 것이다.

학령인구수와 별도로 2030년 입학 가능 인원 추계를 보면 대학생 수는 학령인구수보다 줄어든다. 2020년 47만 9,000명인 입학 가능 자원은 2025년 37만 6,000명으로 10만 명이 감소했다가, 2026~2030년에는 40만 명 선을 지속적으로 유지할 것으로 전망된다. 이렇게 될 경우 2025~2030년에는 대학생 수가 160만 명 선을 유지할 것으로 보인다.

이러한 인구구조의 변화가 의미하는 바는 대학까지 무상교육을 현실화하는 데 드는 재정적 부담이 지속적으로 경감된다는 것이다. 즉, 무상교육

의 실현 조건이 자연스럽게 성숙된다는 것이다. 그리고 대학무상화가 용이해짐에 따라 대학무상화는 당면의 현실적 과제로 설정될 수 있다.

대학무상화 소요 예산과 관련하여 2025년 기준으로 〈표 2-7〉의 입학 가능한 학생이 모두 진학했을 경우 소요되는 무상교육 예산은 2025년에는 10조 370억 원(156만 명×1인당 평균 등록금 6,434,000원)이다. 이를 사립대 등록금으로 계산할 경우 11조 1,900억 원(156만 명×1인당 사립대학 평균 등록금 7,176,000원)이 소요될 것으로 추정된다.

〈표 2-7〉 학령인구와 입학 가능 자원

학년도	학령인구(만 18세)	입학 가능 자원 추계
2019	59만 4,278	52만 6,267
2020	51만 1,707	47만 9,376
2021	47만 6,259	42만 893
2022	47만 2,535	**41만 2,034**
2023	43만 9,046	**40만 913**
2024	43만 385	**37만 3,470**
2025	47만 9,539	**37만 6,128**
2026	47만 7,372	40만 7,419
2027	44만 4,255	39만 9,404
2028	43만 7,396	38만 1,300
2029	47만 3,210	39만 2,934
2030	46만 4,869	39만 9,478

* 2018년 기준 대입정원 49만 7,218명
* 학령인구는 통계청 올해 3월 발표 장래인구 추계(중위 기준)
* 입학 가능 자원은 당해 고교 졸업생(초·중·고 재학생 수에 진급률 적용). n수생 등 합산 추정치
* 출처: 교육부

이는 2020년 우리나라 실질 GDP 1,831조 원의 0.6%에 해당한다. 따라서 우리나라의 고등교육 예산을 OECD 평균 수준인 GDP의 1% 수준으로 확보

할 경우 고등교육의 무상교육이 현실적으로 가능하다.

〈그림 2-4〉 국내 총생산(2011-2020)

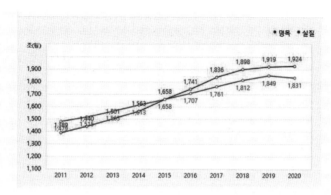

* 출처: 한국은행

　더욱이 인구 감소기에는 현재의 고등교육 시설을 대학무상화의 조건으로 사용할 수 있다는 점에서 추가적인 부담이 소요되지 않는다. 오히려 기존의 고등교육 시설을 고등교육의 질 향상의 기초로 사용할 수 있게 된다.

대학무상화의 과정

　대학무상화는 대학체제 개편과 연동되어야 한다. 대학의 공공성과 균등성을 강화하면서 지금까지 누적된 사학의 문제점과 대학서열화의 문제점을 해소하는 방향으로 진행되어야 한다. 따라서 대학무상화가 진행된 이후에 우리나라의 대학은 대학교육의 질이 높아지고, 대학 운영이 민주적이고 투명해지는 방향으로 진행되어야 하며, 전 지역의 대학들이 균형적인 발전을 통해 대학서열화 문제를 해소할 수 있어야 한다. 사회적 합의를 바탕으로 대학무상화가 진행되고 있기 때문에 사립대학은 공영형 사립대학으로, 국립대학은 국립대학네트워크체제 구축을 통한 연합형 대학체제로 전환되어야 한다. 공영형 사립대학에 지속적으로 참여하지 않는 사립대학에 대해서는 단계적으로 재정 지원을 중단하여 독립 사립대학으로 존속하도록 한다.

대학무상화의 과정은 현행 국가장학금을 단계적으로 고등교육재정 지원 예산으로 편입하면서 등록금 고지서상의 대학등록금을 단계적으로 낮추어 가는 방식으로 진행하도록 한다.

대학등록금 무상화 추진 방식은 두 가지 형태가 존재할 수 있다. 첫 번째는 고등학교 무상화 추진 방식을 참고하는 것인데, 학년별로 연차적으로 진행하는 것이다. 대학교 4학년부터 진행하여 2~4개년으로 대학교 1학년까지 무상화를 완료하는 방식이다.

두 번째는 국가장학금 지원 방식을 적용하는 것인데, 대학등록금의 일정 비율을 국가가 지원했던 것처럼 모든 학년 학생을 대상으로 3개년 계획을 수립하여 첫 번째 해에는 반값등록금을 실현하고, 두 번째 해에는 75%, 세 번째 해에는 100%를 지원하는 방식으로 진행할 수 있다.

대학무상화는 두 번째 방식이 모든 학생들에게 골고루 등록금 경감의 혜택을 제공할 수 있다는 점에서 더 현실적이다. 두 번째 방식에 따라 2023~2025년까지 3개년에 걸쳐 대학무상화를 〈표 2-8〉과 같이 진행할 수 있을 것이다. 아울러 등록금의 무상화와 함께 대학의 공공성을 높이는 정책도 이와 연동하여 추진할 수 있을 것이다.

〈표 2-8〉 대학무상화 진행과정

2022	2023	2024	2025	2026
대선 공약화	고등교육법 제정	반값등록금 전면화	75%등록금 무상화	100%등록금 무상화

제 **3** 장

대학평준화

: 대학서열체제의 실상

대학서열과 대학 배치표

대학서열체제는 수능 직후 입시 전문 학원들이 배포하는 대학 배치표에 고스란히 담겨 있다. 입시 전문 학원들의 대학 배치표는 전년도까지 누적된 수능점수 커트라인을 바탕으로 작성된다. 배치표는 학생들의 대학과 학과 선택의 기준표가 되고 학교와 학원은 이 표를 준거로 입시를 지도한다. 그리고 이 배치표에 따른 선택은 다시 누적되어 다음 해의 대학 입학 정보로 변신한다.

이 과정이 수십 년째 진행되면서 대학과 학과의 서열은 고착화되어 왔다. 그리하여 이른바 '서연고서성한이중경외시'라는 현재의 대학서열체제가 만들어졌다. 진학한 학생들의 성적순에 따라 학교와 학과의 서열이 매겨지며 이러한 순위는 사회적 통념으로 자리 잡는다. 대학의 교육과정과 교육 활동이 어떻게 운영되는가는 부차적 기준에 불과하다. 그리고 이렇게 만들어진 학교 서열을 기준으로 다음 해에 상위 점수의 학생부터 상위 서열의 대학에 진학한다.

<표 3-1> 2021년 ○○학원 정시 예상 배치표

대학	모집 단위	공교육		사교육		
		광주진협	대구진협	대성	유웨이	종로학원
서울대	경영대학	290	292	292	294	294
	정치외교학부	285	287	290	293	293
	국어교육	283	284	285	289	291
	인문계열	285	287	-	-	-
	지리	283	284	-	-	-
연세대	경영	283	287	284	289	290
	정치외교	282	284	281	288	287
	영어영문	281	284	279	287	284
고려대	경영대학	283	287	284	289	290
	경제	283	287	-	-	290
	행정	281	284	281	288	-
	사회	281	278	-	-	-
	영어영문	280	278	280	284	282
서강대	경영학부	278	278	277	277	282
	인문계	275	274	274	274	-
성균관대	글로벌경영	280	278	278	281	282
	사회과학계열	277	274	275	275	279
한양대	정책	278	274	276	276	280
	경영학부	276	274	273	275	279
	정치외교	271	274	-	-	-
중앙대	경영경제대	276	274	274	276	280
	사회과학대	267	274	271	273	275
	인문	270	269	-	-	-
이화여대	의예	283	292	-	-	292
	통합선발(인문)	270	274	275	275	274
경희대	경영	268	269	269	269	275
한국외대	LD학부	276	274	273	273	277
	LT학부	275	274	274	273	-
	ELLT학과	267	269	-	-	272
	영어교육	269	269	267	260	-
동국대	경찰행정학부	-	269	269	269	273

*자료=광주진협, 대구진협, 대성학원, 유웨이중앙교육, 종로학원하늘교육 제공
*국수탐 300점 만점 기준

상위권 대학들은 이러한 대학서열을 유지, 고착화하기 위해 입시경쟁 체제를 도입하고 입시 성적이 상위권인 학생들을 선발하는 데 최우선적 관심을 둔다. 이렇게 대학서열체제와 입시경쟁교육은 공동 운명체가 된다. 치열한 입시경쟁을 매개로 대학의 서열화는 재생산되고 고착화된다.

대학서열과 대학평가

대학서열은 최근에 와서 대학평가를 통해 고착화되기도 한다. 영국의 대학평가 기관인 THE(Times Higher Education)는 매년 대학평가 결과를 발표한다. 교육 여건(30%), 연구 실적(30%), 논문 인용도(30%), 국제화 수준(7.5%), 기술 이전도(2.5%)가 기준이다. THE가 발표한 2020년 대학평가 순위는 다음과 같다.

〈표 3-2〉 2020년 THE 세계 대학평가-국내 대학

순위	대학	교육 여건	연구 실적	논문 인용	기술 이전도	국제화 수준
1	서울대	72.3	71.6	66.5	86.6	35.8
2	성균관대	57.6	61.2	70.3	97.3	51.1
3	KAIST	62.6	66.4	58.1	99.9	35.5
4	POSTECH	51.7	50.9	72.2	99.6	32.9
5	고려대	48.4	50.2	64.5	93.9	52.0
6	연세대	51.2	52.6	53	98.9	58.4
7	UNIST	27.8	38.6	91.3	80.5	51.9
8	경희대	33.8	40.5	56.4	84.9	62.6

국내 언론도 대학평가를 진행하고 있는데, 대표적인 곳이 중앙일보이다. 중앙일보는 교육 여건(150점), 교수 연구(110), 학생 교육 노력 및 성과(80), 평판

도(60) 등으로 구성하여 실시하고 있다. 중앙일보는 이를 근거로 대학평가 결과 순위를 발표한다. 2020년 중앙일보 대학평가 순위는 다음과 같다.

〈표 3-3〉 2020년 중앙일보 대학평가 순위

순위	2017	2018	2019
1	서울대	서울대	서울대
2	성균관대	성균관대	성균관대
3	한양대(서울)	한양대(서울)	한양대(서울)
4	고려대(서울)	고려대(서울)	연세대(서울)
5	연세대(서울)	연세대(서울)	고려대(서울)
6	서강대	경희대	경희대
7	중앙대	서강대	중앙대
8	인하대	이화여대	서강대
9	한양대(ERICA)	한양대(ERICA)	이화여대
10	경희대	중앙대	한양대(ERICA)

국내외를 막론하고 언론기관들의 대학평가가 객관성을 지닌 것처럼 보이지만 대학에 순위를 매기는 평가는 결정적인 문제점을 내포하고 있다.

첫 번째는 대학평가 요소들이 재정 투입과 직간접적으로 연결되어 있다는 점이다. 이로 인해 정부 또는 대기업의 집중 지원을 받는 대학들이 상위 서열로 올라설 수 있었다. 또한 대부분의 지표가 재정을 투여해야만 점수를 올릴 수 있는 분야이므로 대학평가는 등록금 인상을 조장한다.

두 번째로 대학평가에 대학의 공공성 지표보다는 기업의 요구와 관련된 지표들의 비중이 높다는 점이다. 기업의 요구에 순응할수록 대학평가에서

http://univ.joongang.co.kr/university/totalRankingReport.asp.2015

높은 점수를 받게 되기 때문에 대학교육이 자본 편향으로 왜곡될 소지가 늘어난다.

또한 대학평가의 목적이 대학교육의 균등한 발전과는 거리가 멀다는 점이다. 대학의 교육 활동에 대해 제대로 평가하려면, 각 대학의 특징을 분석하고 발전 방안을 제시하거나, 국가적 차원에서 교육 활동 평가 결과를 대학 지원의 근거로 삼아야 한다. 이런 것과 관련 없는 엉뚱한 대학 순위 발표는 각 대학의 발전에 도움을 주기보다는 대학서열체제를 공식화하고 강화하는 결과를 낳을 뿐이다.

더욱이 대학은 대학의 이념과 학풍, 큰 대학과 작은 대학, 연구 중심과 교육 중심 대학, 연구와 교육의 종합대학, 인문계 또는 이공계 선도대학, 지역의 산업 및 사회문화적 배경에 따라 다양한 여건과 맥락을 가지고 있다. 하지만 대학평가는 이를 무시하고 연구 업적, 취업률 같은 천편일률적인 평가 기준과 계량적인 수치를 앞세우기 때문에 각 대학이 다양한 발전 전략을 세우거나 추구할 수 없다.[160] 결국 대학평가는 기존의 대학서열을 반영하면서 재생산된다는 점에서 대학의 균형적 발전을 봉쇄하는 역할을 한다.

여기에 국내 대학에 대한 중앙일보 평가의 경우, 기준 자체가 기업의 요구를 어느 정도 충족하는가, 즉 기업 요구에 대한 종속도에 영향을 받는다는 점에서 한계가 있다. 학생들의 취업률은 일자리가 많은 수도권 지역의 대학들이 우위를 차지하고, 수도권 중심으로 인구가 집중함에 따라 수도권에 위치한 대학들의 서열이 올라가는 상황이 발생한다.

교수 연구 실적도 대학서열이 고착화되면서 연구 결과물의 차이로 나타

---

[160] 이도흠(2015), 「입시철폐와 대학평준화의 방안」, 민주화를 위한 전국교수협의회 엮음, 『입시·사교육 없는 대학체제』, 한울, 188~189쪽.

난다. 성적 상위 학생들의 상위 대학 진학이 누적되면서 연구 성과물에 영향을 미치기도 하고, 상위 서열 대학의 연구논문이 통념상 우수한 것으로 인정받아 더 많이 인용되는 것이 현실이다. 그러나 최근 대학원 입학 비율이 떨어지면서 상위 대학들의 연구 중심 대학으로서의 기능은 오히려 약화되고 있다.

또한 대학평가의 주요 지표인 사회적 평판도는 고교 교사, 대학교수, 대기업 인사 담당자들을 대상으로 조사하고 있는데, 이 또한 기존의 서열체제 아래에서 대학을 평가하는 것이기 때문에 서열체제의 재생산에 기여하는 역할을 한다.

〈표 3-4〉 중앙일보 대학평가 지표

교육 여건	교수 연구	학생 교육 노력 및 성과	평판도
교수 확보율	계열 평균 교수당 교외 연구비	순수취업률	신입사원으로 뽑고 싶은 대학
강의 규모	계열 평균 교수당 자체 연구비	유지취업률	업무에 필요한 교양/ 전공 교육이 충실한 대학
전임교원 강의 담당 비율	국제학술지 논문당 피인용	중도포기율	
등록금 대비 장학금 지급률	IF를 고려한 국제학술지 논문	졸업생 창업 활동	특성화가 우수하거나 특성화 노력이 활발한 대학
등록금 대비 교육비 지급률	인문사회 저역서 발간	창업교육 비율	
세입 중 납입금 비율	인문사회 저역서 피인용	현장실습 참여 학생 비율	학생 교육이 우수한 대학
세입 대비 기부금	인문사회 국내 논문 게재	캡스톤 디자인 수업 참여 비율	입학 추천하고 싶은 대학
기숙사 수용률	인문사회 국내 논문 피인용	온라인 강의 공개	기부하고 싶은 대학
학생당 도서자료 구입비	과학기술 교수당 기술이전 수입액		향후 발전 가능성이 있다고 판단되는 대학
외부 경력 교원 비율	기술이전 건당 수입액		
외국인 교수 비율	과학기술 교수당 산학협력 수익		국가, 사회 전반에 기여가 큰 대학
학위 과정 등록 외국인 학생 비율			
외국인 학생의 다양성			지역사회에 기여가 큰 대학
교환 학생 비율			

이러한 지표는 교육부가 대학 구조조정의 기준으로 삼는 대학평가에서도 반복되고 있다. 교육 여건, 학생 지원, 교육 성과라는 항목은 언론사의 대학평가 항목과 동일하다. 결국 교육부의 대학평가는 언론사 등을 통해 비공식적으로 진행되던 대학서열화를 대학등급화로 공식화한 것이다. 더욱이 대학평가의 결과를 재정 지원과 대학 구조조정의 근거로 삼으면서 대학들은 사활적인 서열 경쟁에 빠져들게 되고 대학 줄 세우기가 고착화된다.

〈표 3-5〉 일반대학: 1단계 지표

항목(60)	평가 지표
교육 여건(18)	전임교원확보율(8) (국사립 구분) 교사확보율(5) 교육비환원율(5) (국사립 구분)
학사 관리(12)	수업 관리(8) 학생 평가(4)
학생 지원(15)	학생 학습역량 지원(5) 진로 및 심리 상담 지원(3) 장학금 지원(5) 취·창업 지원(2)
교육 성과(15)	학생충원율(8) (수도권/지방 구분) 졸업생취업률(5) (권역 구분) 교육 수요자 만족도 관리(2)

지난 수년간 진행된 대학평가에서 주목할 만한 사실은 지역 균형 발전의 중요한 축인 지방 거점 국립대학의 지위가 지속적으로 하락하고 있다는 점이다. 2015년 중앙일보 대학평가를 보면 종합순위에서 지방 국립대는 부산대(12위), 경북대(15위), 전북대(16위), 충남대(18위), 전남대(20위)로 상당수의 대학

2018년 2주기 평가지표이고, 2021년 3주기 평가에서는 학생충원율을 20%로 2배 이상 올렸다.

들이 20위권 안에 있었다. 그러나 2019년에 오면 부산대(18위), 전북대(20위), 경북대(23), 전남대(25위), 충남대(26위), 충북대(28위) 등 20위권 밖으로 밀려났다. 이러한 양상은 수도권으로의 집중과 지방의 쇠퇴와 공동화의 결과이기도 하지만, 대학서열의 고착화는 앞으로 이러한 양상을 더욱 가속화할 것이다.

대학서열의 유형과 변화

대학서열체제는 몇 가지 유형으로 변화되어 왔다.

첫째, 한 대학의 상위에서 하위 학과까지 모든 학과가 채워지고 난 뒤에 다음 순위 대학의 학과가 채워지고, 이것이 마무리된 후 다음 순위 대학의 학과들이 채워지는 유형이다. 대학의 전공과 상관없이 상위 대학에 학생들이 채워지고 난 후에 그다음 점수의 학생들이 후순위 대학에 진학하는 서열체제(열차형 서열체제)가 있다. A대학 → B대학 → C대학 → D대학의 형태로 서열체제가 가장 공고한 유형이다.

둘째, 학과 선호도에 따라 의학 계열, 경영 계열, 법학 계열, 교육 계열 등 각 대학의 인기 학과들이 우선적으로 채워지지만 동일 학과끼리는 대학서열에 따른 순위가 일관되게 매겨지는 형태이다. 'A대학 a학과-B대학 a학과-C대학 a학과-D대학 a학과', 'A대학 b학과-B대학 b학과-C대학 b학과-D대학 b학과', 'A대학 c학과-B대학 c학과-C대학 c학과-D대학 c학과'(막대그래프형 서열체제)로 서열화된 유형이다.

셋째, 각 대학마다 특화된 유명한 학과가 있고, 해당 전공 또는 학과별로 대학서열이 각각 매겨지는 유형이다. 대학의 학풍이나 연구 성과, 사회적 평판이 작용하며 전공별로 대학서열이 다르게 매겨지면서 전공을 기준으로 대학서열이 형성되는 유형이다. 예를 들면 법학부는 A대학, 공학부는 B대학, 의학부는 C대학 등 학과별로 인기도가 높고 이에 근거하여 전공별로 대학의 서열이 형성되는 형태(특화형 서열 체제)이다. 이러한 유형은 대학별로 명망을 얻은 학과가 생겨나고 이러한 특성화가 시간이 지나면서 고착화된 경우라고 할 수 있다.

우리나라의 대학서열체제는 수십 년 동안 크게 변화된 것 없이 흘러왔다. 특히 서울대를 정점으로 하는 대학서열체제가 형성되고, 상위권 대학의 서열에는 변동이 없었다. 그러나 전반적으로 보면 서열 체제의 형태에 두 차례 중요한 변화가 있었다.

첫 번째, 2000년대 이전까지 서울지역의 중상위권 대학과 어깨를 나란히 했던 지방 국립대학들이 2000년대 들어오면서 서울지역 소재 대학들에게 순위에서 현저히 밀려났다. 1997~1998년 경제위기가 장기화되면서 지방의 취업이 장기간 어려워지고 수도권 중심으로 기업 활동이 집중하면서 자연스럽게 수도권 지역의 학교 선호도가 높아졌다. 이에 따라 2000년대 중반부터 지방 국립대학의 몰락이 가시화되고 서울지역 소재 대학으로 쏠림현상이 발생했다. 이러한 상황이 지속되면서 '서울지역 상위권 대학-지방 국립대학-서울 및 수도권 지역 대학-지방 사립대학'으로 형성되었던 대학 순위가 '서울지역 상위권 대학-서울지역 소재 대학-수도권 지역 대학-지방 국립대학-지방 사립대학'으로 서열의 변동이 발생했다.

두 번째로, 1980년대까지는 어느 대학을 나왔는지가 취업의 중요 기준이 되면서 상위권 대학 대부분의 학과가 채워지고 그다음 대학의 학과가 채워지는 상황이었다. 이때는 학과보다는 이른바 대학 간판이 학생들의 선택에 중요하게 작동하던 시기였다. 그러나 한국 경제가 호황기를 마치고 불황기에 접어들면서 안정적인 직업을 보장해 주는 학과의 인기도가 높아지게 되었다. 그러면서 학생들도 정규직 직종으로 진출할 수 있는 학과와 자격증을 부여하는 학과 선호도가 높아졌다. 그리하여 의학 계열 학과의 지위가 더욱 공고화되었고, 교육대학과 사범 계열의 학과, 군사 계열의 사관학교(육, 해, 공)의 커트라인이 올라가는 경향이 생겨났다. 취업이 용이한 학과들은 열차형 서열체제에서 막대그래프형 서열체제로 개편이 진행되었다. 그러나 인기 학과에 대한 선호도가 높아지면서 학생들의 선택이 대학 간판으로부터 학과 중심으로 변화되었지만, 동일 학과끼리는 여전히 대학서열이 강고하게 작동하고 있다. 전반적으로 취업이 용이한 상위 인기 학과에서는 막대그래프형 서열체제가 나타나고 있지만, 그 학과를 제외하면 여전히 열차형 서열체제가 강고하게 작동하고 있다.

대학서열과 학벌사회

상위권 대학을 향한 경쟁은 치열하지만, 이 경쟁은 대다수를 실패로 내몰고 열패감에 빠트리는 것으로 종결된다. 그런데 상위권 대학이라고 해서 학생들을 더 잘 교육시킨다는 근거는 지극히 주관적일 뿐 현재까지 확인되지 않고 있다.

그럼에도 대학서열이 해소되지 않고 고착화되는 배경에는 졸업 이후의 학벌사회가 관련되어 있다. 학벌사회는 서열화된 대학체제에서 졸업생들이 새롭게 충원되면서 지속적으로 유지된다. 서열화된 대학은 학벌사회를 낳고 학벌사회는 다시 대학서열화를 키운다.

학벌사회를 나타내는 몇 가지 지표로 행정부, 사법부의 고위직과 대기업 임원진의 출신 대학이 조사된다.

신동근 더불어민주당 의원이 2020년 10월 5일 대법원으로부터 제출받은 '최근 5년간 신규 임용된 법관들의 출신 대학 상위 10개' 자료에 따르면, 이

기간 내 임용된 법관 455명 중 절반 이상인 239명이 서울대 출신이었다. 이른바 SKY(서울대·고려대·연세대)로 범위를 넓히면 SKY 출신만 80%에 달했다.[98]

〈표 3-6〉 최근 5년간 신규 임용 법관 출신 대학 상위 10개

순위	출신 대학	인원수
1	서울대	239명
2	고려대	79명
3	연세대	50명
4	한양대	30명
5	성균관대	26명
6	이화여대	13명
7	부산대	5명
8	한국과학기술원	5명
9	경북대	4명
10	경찰대	4명

출처: 대법원

〈표 3-7〉 2011~2020년 임용 검사 출신 대학 현황(연수원+로스쿨)

순위	대학	인원	비율
1	서울대	397	30.03%
2	고려대	247	18.68%
3	연세대	203	15.36%
4	성균관대	101	7.64%
5	한양대	79	5.98%
6	이화여대	50	3.78%
7	국립경찰대	22	1.66%
8	서강대	22	1.66%
9	경북대	21	1.59%
10	중앙대	20	1.51%

출처: 법무부

최기상 더불어민주당 의원이 법무부로부터 제출받은 최근 10년간(2011년 ~2020년) 검사 임용 자료를 분석한 결과, 임용 검사 중 서울대·고려대·연세대를 졸업한 검사는 847명으로 전체의 64.1%에 달했다. 이 중 서울대 출신은 30%, 고려대 18.7%, 연세대 15.4% 순이었다.[68]

이용호 국민의당 의원은 2016년 9월 15일 "고위 공무원의 절반 이상이 'SKY 대학' 출신"이라며 학벌 편중이 심각하다고 주장했다. 고위 공무원 총 1,476명 중 서울대, 고려대, 연세대 등 소위 'SKY 대학' 출신이 814명으로 전체의 55.2%를 차지했다. 고위 공무원 중 '인서울 대학' 출신은 1,199명으로 81.2%였다.[70]

출신 대학은 서울대가 494명(33.5%)으로 가장 많았고 연세대 178명(12.1%), 고려대 142명(9.6%), 성균관대 73명(4.9%), 한양대 61명(4.1%), 한국방송통신대 57명(3.9%), 한국외대 56명(3.8%), 전남대·경북대·부산대 각 29명(2%) 등의 순으로 나타났다. 해당 상위 10개 대학 출신이 1,148명으로 전체의 77.8%를 차지

〈표 3-8〉 2016년 고위 공무원 출신 대학 현황

(단위: 명, %)

순위	대학명	인원	비율	순위	대학명	인원	비율
1	서울대	494	33.5	6	한국방송통신대	57	3.9
2	연세대	178	12.1	7	한국외국어대	56	3.8
3	고려대	142	9.6	8	부산대	29	2
4	성균관대	73	4.9	9	경북대	29	2
5	한양대	61	4.1	10	전남대	29	2

* 고위 공무원: 정부 부처 3급 이상
* 인사혁신처(2016)

[68] 구자윤(2020. 10. 5), 「최근 5년간 신규 임용 법관 중 절반은 서울대 출신」, 〈파이낸셜뉴스〉.
[69] 이성진(2020. 11. 25), 「최근 10년간 임용 검사 1,322명, 출신 대학을 보니」, 〈법률저널〉.
[70] 박승주(2016. 9. 15), 「이용호 "고위 공무원 절반이 'SKY대'… 편중 심각"」, 〈news1〉.

했다.

경제계의 경우에는 SKY 출신이 감소하고 있는 것으로 나타나고 있다. 1000대 기업 CEO 중 SKY 출신이 29.3%인 478명으로 집계되었다. 서울대 243명, 고려대 121명, 연세대 114명이었다.

《그림 3-1》 2020년 1000대 기업 출신 대학별 CEO 인원 현황

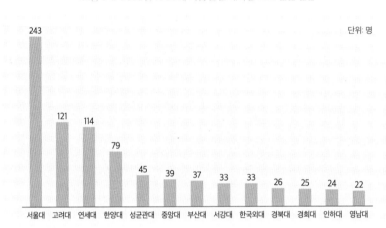

[자료=유니코써치, 반기보고서 기준 조사, 20명 이상 CEO 배출 대학 기준]

《그림 3-2》 SKY 출신 CEO 비율

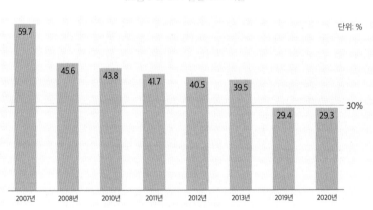

[자료=유니코써치, 매출액 1000대 기업 기준, 단 2007년은 500대 기업 기준]

2008년 45.6%와 비교해서는 현저히 감소하고 있지만 2020년 29.3%로 여전히 30%에 육박하고 있다.

500대 기업 CEO로 규모를 좁혀 보면 서울대 23.2%, 연세대 11.3%, 고려대 8.1%로 SKY 출신의 비율은 42.6%(2019년)로 높은 비중을 차지하고 있다.

<그림 3-3> 국내 500대 기업 CEO 출신 학교

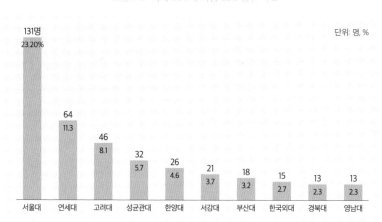

*출처: CEO 스코어

정치계의 경우 21대 국회의원 선거 당선인 중 서울대·연세대·고려대 출신은 300명 중 112명(37.3%)[1]으로, 19대 국회의원 중 SKY 출신의 점유율인 43%와 20대 국회의 142명(47.3%)에 비해 10% 줄어든 것은 긍정적이나 여전히 높은 수치이다.

국회의원은 국민의 선택을 거쳐 당선자가 결정되기 때문에 학벌 형성의 경로에 차이가 있다. 그렇지만 공천 과정에서 인맥의 힘과 사회적 평판 등이

[1] 김종민(2019. 11. 13), 「재계 '脫학벌' 가속화… 'SKY CEO' 30% 벽 깨졌다」, 〈newsis〉.
[2] 사교육걱정없는세상(2020. 5. 18), 「21대 국회 'SKY' 출신 감소와 여당의 180석 확보… 대학서열화 완화에 나서야」.

작동하면서 정치계도 관료계와 비슷한 점유율을 보이고 있다.

학벌사회의 해체는 학벌을 낳는 모태가 되고 있는 서열화된 대학체제를 해소할 때 이루어질 수 있다. 고교서열화 체제가 고교평준화 정책으로 해체되고 40년이 경과하면서 경기, 서울, 용산, 경복, 경동 등 과거의 명문 고교를 중심으로 한 고교학벌체제는 해소되고 있다. 당장 명문대 진학을 독점하던 이들 학교가 일반 고교 수준으로 평준화되었고 명문고-명문대-사회 상층부로 이어지는 고리들이 연차적으로 끊어지면서 고교학벌체제는 사라졌다.

그러나 고교학벌체제는 고교평준화 체제의 와해와 함께 새로운 방식으로 만들어지고 있다. 특수 목적과 고교 자율화를 내세우면서 세워진 외고, 자사고가 고교 체제의 상층부를 차지하면서 신고교서열체제를 형성하고 있다.

각 나라의 대학서열화

다른 나라들도 대학이 서열화되어 있을까? 크게 세 가지 유형으로 나누어 볼 수 있다. 첫째, 한국, 일본, 미국과 같이 대학이 서열화되어 있는 나라, 둘째, 영국과 프랑스처럼 상위 몇 개 대학을 제외하고는 평준화되어 있는 나라, 셋째, 독일, 핀란드와 같이 전체 대학이 사실상 평준화되어 있는 나라 등으로 나뉜다. 그리고 나라마다 대학에 대한 선호도가 있지만 학벌사회를 형성할 정도로 고착화되어 있지는 않다. 또 학과별 서열체제는 있지만 이것은 대학별 특성화가 진행된 수준을 벗어나고 있지 않다.

일본: 도쿄 6대학-국립 7대학

현재 일본의 고등교육기관은 대체로 양적인 측면에서 사립대학이 다수를 차지하지만, 질적 관리 및 교육지원체제의 측면에서는 국공립대학이 교육의 중심축을 형성하고 있다. 이런 조건에서 일본의 대학교육은 '도쿄 6대학-국립 7대학'이라는 메이저 캠퍼스 중심의 고등교육 시스템으로 발전하고 있다.[73] 특히 이 중에서 '국립난관교(國立難關校)'라고 하는 도쿄 대학교, 히토쓰바시 대학교, 교토 대학교의 3개 대학과 '와세다-게이오 대학교'는 우리나라의 'SKY' 개념과 유사한 대학으로 이들 대학에 진학한 실적을 놓고 고교 간 서열을 조장하는 경향이 나타나기도 한다.[74]

◎ 도쿄 6대학
도쿄 대학교, 와세다 대학교, 게이오기주쿠 대학교, 메이지 대학교, 호세이 대학교, 릿쿄 대학교 등 도쿄에 소재하고 있는 6대 명문 대학교
◎ 국립 7대학
도쿄 대학교, 교토 대학교, 규슈 대학교, 홋카이도 대학교, 오사카 대학교, 도호쿠 대학교, 나고야 대학교 등 국립종합대학교

미국: 아이비리그와 주립대학

미국의 명문 대학들은 각 과별로 서열이 바뀌기는 하지만 일반적으로 아이비리그, 아이비플러스, 퍼블릭 아이비, 뉴 아이비스라는 호칭으로 불리면서 서열화되고 있다.[75]

◎ 아이비 리그(Ivy League): 미국 동부의 사립대학
Harvard, Yale, Princeton, Dartmouth, Brown, Cornel, Columbia, U Penn
◎ 아이비 플러스(Ivy plus)
Stanford, M.I.T.

[73] 정영수 외(2007), 『해외 대학입학제도 실태조사 연구』, 한국대학교육협의회, 92·163쪽.
[74] 위의 책, 93쪽.
[75] 박종환(2007), 『미국 대학의 법칙』, 랜덤하우스, 64~65쪽.

◎ 퍼블릭 아이비스(Public Ivies(순위 50위 이내) 명문 사립대학에 견줄 만
한 미국 주립대학
Univ. of California: Berkeley L.A, San Diego Irvine, Santa Barbara,
Davis
Univ. of Michigan: Ann Arbor
Univ. of Verginia
Univ. of Illinois: Urbana-Champaign
Univ. of Washington
College of Williams and Mary
Indiana Univ.: Oxford(OH)
Penn State Univ.: University Park
◎ 뉴 아이비스(New Ivies)
입학 경쟁이 치열해지면서 아이비리그는 아니지만 명문 대학으로 부상하
고 있는 25개 대학교

미국에서도 아이비리그 학교 역시 최고가 최고를 부르는 일류대 집중화
추세와 일류대의 서열화 추세가 날로 거세지고 있다. 그러나 대부분의 주립
대학들은 높은 교육의 질을 제공하면서 서열화를 차단하고 있으며 등록금
도 아이비리그의 독립 사립대학교에 비해 절반 수준으로 공공성이 유지되
고 있다.

영국: 옥스퍼드, 케임브리지와 정부책임형 사립대학

영국의 대학은 옥스퍼드와 케임브리지를 투톱으로 하는 대학체제가 형성
되었으며, 1990년대 이전에는 각 지방 대학들이 제각각 지방에서 고등교육
의 수요를 담당했었다. 특정 대학에 대한 쏠림 현상이 그다지 일어나지 않았

고, 전국적으로 '평준화'의 성격이 강했다.¹¹¹⁾ 그러나 1994년 정부 연구보조금의 2/3를 차지하는 대학들로 러셀 그룹(Russel group)이 형성되었다.

◎ 러셀 그룹(Russel group) 대학
University of Birmingham/University of Bristol/University of Cambridge/Cardiff University /University of Edinburuh/University of Glasgow/Imperial college London/King's college London/University of Leeds/University of Liverpool/London college University/London school of Economics and Political Science/University of Manchester/New castle University/University of Nottingham/Queen's University, Belfast/University of Oxford/ University of Sheffield/University of Southampton/ University of Warwick

영국의 경우 1988년 「교육개혁법」(Education Reform Act)과 1992년 「고등교육법」(Further and Higher Education Act)을 통해서 대학을 '고등교육법인'이 설치·운영하는 체제로 전환시키고 이후 정부의 지원이 줄어들면서 공영형 사립대는 독립 사립대로 변질되었다. 이것은 2019년 OECD 통계에서 확인되는데 고등교육에서 정부부담금이 약 24% 정도에 불과했다. 그러나 영국의 대학들은 옥스퍼드, 케임브리지를 제외하고는 서열화가 뚜렷하게 형성되어 있지는 않다.

프랑스: 그랑제콜과 대학평준화

프랑스에는 고등교육기관으로 고등전문학교와 일반대학 그리고 '기술단기대학'과 '상급 기술자 양성과정'과 같은 직업 교육기관이 있다. 프랑스는 크게 엘리트 고등교육기관인 그랑제콜과 바칼로레아 취득자가 진학할 수 있는 대학으로 나뉜다.

그랑제콜은 산업혁명에 대응하여 국가가 창립한 전문직 영역에서의 인재 양성을 목표로 설립되었다. 이공계 엘리트를 양성하는 종합기술학교, 국립 행정학교, 고등상업학교, 고등사범학교 등이 있다. 그랑제콜에 진학하려면 바칼로레아 학위 소지자가 고등 준비급에서 1~2년 입시 준비 교육을 받은 후 입학 선발 시험에 합격해야 한다.

주요 그랑제콜로 다음의 학교들이 있다.

◎ 인문/자연학계열
　고등사범학교(École Normal Supérieure: ENS Paris)
◎ 공학계열
　École Polytechnique: EP
　École Centrale Paris: ECP
　파리 국립광업학교(École des Mines de Paris: Mines)
◎ 상경계열
　École des Hautes Études Commerciales de Paris: HEC Paris
　École Supérieure des Sciences Economiques et Commerciales: ESSEC
　École Supérieure de commerce de Paris: ESCP
◎ 정치/행정계열
　Institut d'Études Politiques de Paris: SciencesPo Paris
　국립행정학교(École Nationale d'Administration: ENA)

대학은 프랑스 최고, 최대의 고등교육기관으로 바칼로레아 시험에 합격하면 정원제 학과 이외에는 지원하는 대학과 지원하는 전공 학과에 입학이 허

___

76) 정영수 외(2007), 앞의 책, 52~52쪽.

가된다.

그랑제콜과 대학 사이에 서열이 있고 진학에서 차이가 있을 뿐, 프랑스의 대학들은 대부분 평준화되어 있다.

독일과 북유럽 대학평준화

독일의 대학은 대부분 국립대학이지만 정부책임형 사립대학도 조금 있으며 독립형 사립대도 9% 정도(재학생 기준으로는 약 8.6%) 존재한다. 각 대학들에는 서열이 없고 평준화되어 있으며, 아비투어를 합격하면 원하는 대학과 학과에 입학할 수 있는 자격이 부여된다. 대학 학비는 무상이다.

세계 대학평가에서 독일에서 가장 우수하다고 평가받은 대학이 뮌헨 대학교이기 때문에 외국인이 보면 뮌헨 대학교를 명문 대학이라고 생각할 수도 있다. 그러나 독일은 한국처럼 절대 우위를 입증할 수 있는 명문 대학이 아직은 명확하게 존재하지 않는다. 때문에 정상에 있는 특정한 대학에 전국의 최우수 학생들이 모두 몰리는 현상은 없다.

북유럽 교육 강국인 핀란드도 헬싱키 대학교에 대한 선호도가 있으나 명문대가 따로 존재하진 않는다.[78]

결국 세계적으로 보면 우리나라, 일본, 미국 등의 대학이 서열화되어 있다. 영국과 프랑스의 경우에는 중세 절대왕정 시기에 상위권을 형성한 몇몇 대학이 상층부를 차지하고 있고, 이들 대학을 빼면 대부분의 대학들이 평준화되어 있다. 국립대학의 비율이 높은 유럽의 나머지 대부분의 나라들은 대학이 평준화되어 있다. 또한 대학이 서열화되어 있다 하더라도 그것은 우리나라와 달리 견고한 서열체제가 아니라 학과별 선호도에 따른 특성화형 대학서열화 양상을 보인다.

우리나라는 고등교육기관의 설립과 동시에 대학서열화가 시작되었기 때문에 이를 불가피한 현상으로 받아들이고 숙명처럼 여기고 있다. 그러나 세계적으로 보면 대학이 서열화되어 있는 나라들은 오히려 소수에 불과하다.

이규환(1980), 『선진국의 교육제도』, 배영사, 188쪽.

박성숙(2015), 『독일 교육 두 번째 이야기』, 21세기북스.

: 대학체제 개편의 방향

현 단계에서 우리나라의 대학체제 개편은 두 가지를 만족시켜야 한다. 첫째, 초·중등교육을 입시경쟁교육으로 왜곡시키는 대학서열체제를 해소하는 것, 둘째 공공성이 취약한 대학의 공공성을 강화하고 학령인구 감소로 인한 대학의 위기를 대학의 질 향상의 계기로 전환시켜 내는 것이다

대학서열체제 해소[79)]

미국의 오바마 대통령이 한국 교육의 우수성을 여러 번 예찬한 적이 있다. 사실 외형적으로 보면 우리 교육이 세계 최고라고 해도 과언이 아니다. 예를 들어 OECD 국제지표에 따르면 우리나라의 고교 이수율 및 대학 이수율은 세계 최고이다. 또한 국제학력평가인 PISA(Programme for International Student Assessment)나 TIMSS(Trends in International Mathematics and Science Study)에서도 우리나라 학생들의 읽기, 수학, 과학의 인지적 성취수준은 최상위에 속한다.

하지만 학습에 대한 태도나 흥미도는 최하위이고, 게다가 살인적인 입시경쟁과 학생들의 고통, 출산을 꺼려 할 정도의 사교육비 부담, 그리고 교육

을 통해 부와 권력이 세습되는 교육 불평등 문제 등을 보면 '한국 교육을 배우자'는 말에 허탈한 웃음을 지을 수밖에 없다. 우리나라처럼 교육이 행복이 아니라 고통이 된 이유는 초·중등교육이 대학입시제도에 종속되어 있기 때문이다. 초등이든 중등이든, 대학이든 그 나름의 독자적인 존재 이유와 목표가 있음에도 불구하고 우리 교육은 대학에 종속되어 움직여 왔고, 대학입시제도의 변화에 따라 중등교육, 심지어는 초등교육까지 휘둘려 왔다. 또한 초·중등 부문에서 여러 차례 개혁이 있었지만 대부분 대학입시에 가로막히면서, 기대와 달리 부작용 양산으로 좌초와 실패를 반복해 왔다.

정부 정책 담당자들도 이런 문제를 인식하고 정권이 교체될 때마다 대학입시제도를 바꾸어 왔다. 해방 이후 대학 자율에 맡겨진 대학입시가 입시 부정, 학생 부담 증가 등의 문제와 연결되자, 국가시험 제도를 도입하였다. 객관적이고 엄정한 시험 모색과 학교교육 결산이라는 명분으로 1969년부터 대학 예비고사와 본고사를 보는 체제로 전환하였다. 하지만 이 제도 또한 입시 위주의 교육과 과열 경쟁 문제가 대두되면서 1980년대부터는 학교교육 정상화를 명분으로 학력고사와 내신을 반영하는 제도로 변경하였다. 그래도 여전히 문제가 해결되지 않자 1990년대 중반 이후부터 수능시험을 도입하였고, 2000년대에는 입학사정관제를 거쳐 학생부종합기록을 적용하는 상황까지 이어져 왔다.

우리나라의 대학입시제도 개편 과정
　○ 1기(1945~1961) 대학별로 자율적으로 학생을 선발하던 시기
　○ 2기(1962~1980) 대학입학자격고사가 도입되었다가 1969년부터 예비

임재홍 외(2016), 「초·중등교육 정상화를 위한 대학체제 개편방안 연구」, 서울특별시교육연구정보원, 118~122쪽.

교육혁명공동행동연구위원회(2012), 『대한민국 교육혁명』, 살림터.

고사+본고사 체제로 운영된 시기

○ 3기(1981~1993) 학력고사와 내신이 병행되는 시기

○ 4기(1994~) 수능+내신(학교생활기록부)+대학별 고사(또는 논술)가
병행되는 시기

이처럼 수년에 걸쳐 교육문제 해결을 위해 대학 자율 선발에서부터, 국가
주도의 시험, 고교 내신 반영 방법, 대학별 고사 등 거의 모든 방법을 적용
해 보았음에도 입시 교육의 문제는 해소되지 않았다. 지금도 공식적인 교육
과정은 입시 교육으로 왜곡되고 있고, 입시 부정은 내신, 수능, 논술, 학생부
종합 등 전형 관련 모든 부문에서 발생하고 있다. 나아가 교육개혁의 명분으
로 도입된 여러 유형의 특성화된 학교들도 입시 명문고로 둔갑하면서 학교
서열화를 부추기고 있다. 그 결과 보편적 중등교육의 담당자인 일반고가 하
위 서열의 학교로 낙인찍히면서 붕괴의 위기를 맞고 있다. 이러한 결과는 입
시제도의 관행적인 개선만으로는 입시 중심의 교육을 해결할 수 없음을 분
명히 보여 준다.

물론 입시제도 개선이 무의미한 것은 아니다. 입시경쟁 관리 차원에서 중
시해야 할 여러 가지 과제가 있다. 예컨대 전형의 객관적이고 공정한 관리,
경쟁에 따른 부담 약화 방안 모색, 시험 관리 체제의 효율화, 시험 질 향상
방안 등은 여전히 중요하다. 또한 대입 전형 근거 자료를 학생부 교과 성적
으로 할 것인가 아니면 학교생활기록부 전반으로 할 것인가, 그리고 논술
등 대학별 고사는 인정할 것인가 말 것인가 등도 고민할 필요가 있다.

하지만 현재와 같은 서열화된 대학체제를 그대로 둔 채 입시제도의 부분
적 개선만으로는 우리 교육 문제가 해결될 것이라고 기대할 수 없다. 왜냐하
면 공교육 황폐화의 근본적인 원인은 입시제도가 아니라 한국 사회에서 공
고화된 대학서열체제와 학벌체제에 있기 때문이다. 따라서 그 해결책도 분

명하다. 대학 간의 서열화된 구도를 타파하여 좀 더 통합된 고등교육 제도하에서 대학입시나 선발의 방법을 고안했을 때 비로소 중등교육의 정상화가 시작될 수 있을 것이다. 이를 위해 이제는 더 큰 틀에서의 고등교육체제 개편에 대한 논의를 진행해야 한다.

대학체제 개편의 핵심은 서열화된 대학체제의 개편에 있다. 물론 서열화된 대학체제를 개편한다고 근본적인 교육문제가 해소되는 것은 아니다. 입시경쟁교육의 원인을 추적하다 보면 최종적으로 사회문제와 연결되기 때문이다. 교육은 그 자체 논리로만 움직이는 것이 아니라 사회 안에서 작동하면서 영향을 받고 있다. 따라서 교육문제를 해결하기 위해서는 학력 간 임금격차 문제, 노동 문제와 저임금 문제, 수도권 집중의 사회적 대책 마련 등 사회 개혁을 동시에 추진해야 한다.

그러나 사회가 변화한다고 해서 자동적으로 대학서열체제가 해소되는 것은 아니다. 또한 사회 체제의 변화를 차단하고 있는 주요한 장애물이 학벌과 대학서열체제이기도하다. 따라서 입시제도와 대학서열체제의 개편은 사회 개편 이후에 비로소 출발하는 것이 아니라 지금부터 병행 추진되어야 한다.

고등교육의 발전[1][2]

우리나라 고등교육 역시 초·중등교육만큼이나 문제가 많다. 대학체제의 개편은 초·중등교육 정상화를 위한 것만은 아니다. 대학교육 발전을 위해서도 필요하다.

공교육체제 아래에서 재산에 상관없이 누구나 교육받을 수 있는 기회를

---

[1] 임재홍 외(2016), 앞의 책, 193~198쪽.

[2] 임재홍 외(2015), 『공공형 사립 교육기관 운영 모델에 관한 연구』, 서울특별시교육청, 117~128쪽.

동등하게 누릴 수 있어야 하고, 그에 소요되는 비용을 국가가 부담하는 것이 원칙이다. 실제로 세계 모든 선진국에서 교육은 불평등을 축소시키기 위한 적극적인 역할을 하고 있다. 미국의 오바마 대통령이 2015년 전문대학무상화를 추진하겠다고 발표했는데. 이것도 바로 교육을 통한 불평등을 해소하기 위해서다. 이런 기준에서 보면 우리나라의 고등교육은 공적 부담이 OECD 국가 중 최하위권으로 학생들의 등록금에 의존해 운영되고 있다.

예컨대 OECD에 의하면, 2017년 현재 OECD 국가들의 고등교육에 대한 공공 지출은 평균 GDP의 1.0%인 데 반해서 한국은 0.6%에 불과하다 (OECD, 2020). 우리나라는 OECD 평균에 비하여 0.4% 낮은 수준이다. 그런데 1인당 교육비는 더 낮다. 〈표 3-9〉에서 보는 것처럼 2017년 기준 학생 1인당 OECD 국가의 평균 교육비는 16,327$인 데 비해 우리나라는 2/3 수준인 10,633$로 OECD 38개 국가 중 28위로 최하위권에 해당한다.

〈표 3-9〉 대학생 1인당 교육비

(단위: PPP 환율 미국 달러)

국가	고등교육비	국가	고등교육비
한국	10,633	일본	18,839
오스트레일리아	20,436	뉴질랜드	16,068
오스트리아	19,089	노르웨이	23,439
캐나다	24,671	스페인	13,446
덴마크	18,062	스웨덴	25,584
핀란드	17,730	네덜란드	20,445
프랑스	16,952	영국	28,114
독일	18,486	미국	33,063
이탈리아	12,226	OECD 평균	16,327

* 출처: OECD(2017)

고등교육비에 대한 공공 지출이 낮은 것에서 알 수 있듯이 우리나라 대학교육의 질은 OECD 최하위 수준이다. 2014년 전임 교수 1인당 학생 수는 일반대학 25.2명, 전문대학 37.1명, 평균 29.8명이다. OECD 평균은 14명인데 우리나라는 이보다 훨씬 열악하다(OECD, 2014). 우리나라 전임교원을 OECD 평균 수준으로 높이려면 10만 명 정도의 전임교원을 더 뽑아야 한다.[89]

그렇다고 학생들의 등록금을 올려야 한다는 것은 아니다. 이미 우리나라 등록금은 세계 최고 수준이다. 2018년에 OECD 국가 중 우리보다 등록금을 비싸게 받는 나라는 사립대학을 기준으로 할 때 미국, 호주 두 나라밖에 없는데, 호주의 경우 대부분이 등록금이 낮은 국공립대학에 다니므로 우리나라는 두 번째로 대학등록금이 비싼 나라이다. 이렇듯 개인적 부담은 세계 최고이지만 고등교육 재정의 빈곤으로 인해 1인당 공교육비는 세계 최하위권인 것이 현실이다.

결국 대학 경쟁력을 OECD 평균 수준으로 향상시키기 위해서 국가 지원을 늘려야 한다. 그런데 비리로 얼룩진 현재의 사립대학에 막대한 예산을 지원하는 것은 밑 빠진 독에 물 붓기 식이다. 우리나라 사립대학들은 재단 전입금도 제대로 내지 못하면서 학생들의 등록금을 횡령하는 사학비리를 저지르고 있다. 사학비리 전과자가 버젓이 대학에 다시 주인으로 되돌아와서 교수를 해고하는 등 학내 분규를 일으키고 있다. 1988년부터 2000년까지 우리나라 전체 대학의 10%가 넘는 40개 이상의 대학에 임시 이사가 파견되었다(정대화, 2015). 그러나 이것은 드러난 수치일 뿐 실제로 사학비리의 규모는 엄청날 것이다. 따라서 사립대학을 공영형 사립대학으로 전환하여 비리 가

[89] 고등교육기관 학생 수 2,624,053명을 OECD 평균 14명으로 나누고 현재의 전임교원 88,163명을 빼면 99,269명이 된다.

능성을 차단한 뒤에 선진국 수준으로 지원하는 것이 바람직한 방향이다.

또한 대학을 통합해서 규모를 키우고, 네트워크를 형성해서 공동으로 연구하고 교육하는 방법을 찾아야 한다. 우리나라 대학의 학문 생산 능력은 한참 뒤떨어진다. 학문의 재생산 구조를 갖추지 못한 상태이고, 학문적 사대주의가 만연해서 남의 이론 베끼기 상태에서 벗어나지 못하고 있다.

더욱이 앞으로 지식기반 경제가 더욱 발전하게 되면 우리나라 대학들은 지금과 전혀 다른 경쟁 상황에 노출될 수밖에 없다. 예컨대, 미국을 비롯한 선진국에서는 대량 공개 온라인 강좌(MOOC, Massive Open Online Coures)가 활성화되면서 세계에서 최고의 강좌들을 무상으로 제공하고 있고, 학점을 부여하는 과정도 이미 등장한 상태이다.[84] 또 특정한 분야를 단기간에 집중적으로 수강해서 기업이 필요로 하는 과정을 이수하는 나노학위(nanodegree) 과정이나 마이크로 대학(micro-college)이 활성화될 예정이다. 또한 인공지능이 발달하고 인터넷 자체가 거대한 글로벌 브레인이 되어 감에 따라 대학교육은 획기적으로 바뀔 것이다.

이런 상황 변화에 대응하기 위해서라도 고등교육의 공공성 확대와 체제 개편이 절실히 필요하다.

공영형 사립대로의 전환[85]

OECD 대부분의 나라들은 대부분 국공립대학 중심이고 사립대학이라 하더라도, 정부책임형 사립대학체제이다. 정부책임형 사립대학[86]이란 대학 운영 경비의 50% 이상을 정부 등 공적 기관으로부터 지원을 받는 대학을 말한다. 이에 비해 우리나라는 독립 사립대학이 70%가 넘는다. OECD 34개국 중 독립 사립대학 학생 수가 50%를 넘는 나라는 우리나라, 일본, 칠레

세 나라뿐이다. 따라서 고등교육의 발전이나 대학체제 개편을 위해서는 취약한 재정 상황을 타개해면서 사립대학의 공공성을 확보해야 한다.

우리나라 법률은 사립대학에 대해 국가의 공적 관리와 감독권을 인정하고 있다. 「교육기본법」에 학교의 공공성을, 「사립학교법」은 사립학교의 공공성을 규정하고 있다. 또한 학교 역시 학생의 학습권 보장을 위한 기관(「헌법」 제31조)이다. 수업권 보장을 위해 학생의 경비 부담을 최소화하고 국가가 책임을 져야 한다는 의미이다.

사립학교의 공공성을 강화시킬 수 있는 방안은 사립대 스스로가 공립학교로 전환하거나 준공립화하면 좋겠지만, 이를 법률로 규율하기 어렵다고 봐야 한다. 따라서 가장 현실적인 방안은 정부가 대학 운영 경비를 지원하고 지원받은 만큼 대학 법인이 아닌 대학 구성원과 정부가 임명하는 공익 위원이 학교 재정에 대한 심의 의결권을 갖도록 하는 것이다. 물론 강제적인 방식이 아니라 법인이 재정 지원을 신청하면 이에 따라 국가나 공적 기관이 지원하는 방식을 취하는 것이다. 이런 방법으로 공영형 사립대학을 만들 경우, 국공립대 통합네트워크와 더불어 대학의 서열을 완화시키는 대학체제 개편의 견인차가 될 수 있다.

---

[84] "미국의 스탠퍼드대가 주축이 돼 만들어진 온라인 무료 대학(MOOC: Massive Open Online Course) 사이트인 코세라는 2014년 기준으로 100여 개의 대학이 올린 600여 개의 강의가 개설돼 있고, 회원 수가 800만 명을 넘어섰다. 이 사이트에서 코스를 완수하면 학점으로 인정도 해 준다"(최윤식, 2014).

[85] 임재홍(2015), 「초·중등교육 정상화를 위한 대학체제 개편방안연구」, 임재홍 외(2015), 서울시교육청의 내용을 많이 참조하였음.

[86] 정부책임형 사립대학은 「OECD 교육지표」의 Goverment-Dependent private institution을 번역한 것으로, 정부의존형 사립대학으로 규정하기도 한다. 대학 운영비의 일부를 정부 예산에 의존한다는 점에서 정부의존형이고, 정부가 재정의 상당 부분을 책임지고 있다는 관점에서 정부책임형이라고 부르기도 한다. 정부의 예산이 투입되어 지배 구조의 공공적 성격이 강화된다는 점에서 공영형 사립대학으로 규정하기도 한다. 이하에서는 사립대의 공공성을 강화하고 대학통합네트워크의 구성 부분이 될 것이라는 점에 주목하여 공영형 사립대학으로 부르고자 한다.

국가 재정 지원 GDP의 1% 확보

문제는 공영형 사립대에 지원할 예산을 어떻게 확보할 수 있는가와 또 어떻게 사학 재단이 자발적으로 공영형 사립대로 전환하도록 유도할 것인가이다.

전국교수노조를 비롯한 교수 단체는 그 문제의 해결 방법으로 '반값등록금과 결합된 국가책임교수제도'를 제시한다. 예컨대 지금도 정부에서는 국가 예산으로 2020년도에는 3조 8,900억 원, 2021년도에는 3조 8,700억 원을 확보하여 국가장학금을 지급하고 있다. 그런데 그렇게 예산으로 확보된 국가장학금을 학생들에게 직접 지급하는 것이 아니라, 교수 및 대학직원의 인건비를 보조[58]하면서 학생들에게는 등록금을 반값으로 낮추는 방식으로 전환하는 것이다. 현재 사립 중·고등학교에 대하여 국가 및 시·도교육청이 교직원인건비, 학교·교육과정운영비, 학교시설비, 교육복지지원비 등의 명목으로 재정보조금을 지급하고 있는데, 이러한 제도를 대학에도 시행하는 것이다.

이런 제도를 실시한다고 해서 학생들의 부담이 늘어나는 것은 아니다. 국가책임교수제도는 국가장학금과 비교해서 학생들의 등록금 부담을 줄이는 효과는 동일하다.[59] 하지만 대학체제 개편과 관련해 다음과 같은 두 가지 차이점이 있다. 첫째, 국가책임교수제도는 공영형 사립대학으로의 전환을 촉진시키는 수단이 될 수 있다. 둘째는 앞으로 입학 정원이 감소했을 때 동일한 수의 교수를 유지하는 데 들어가는 대학의 재정 부담을 줄일 수 있다.

물론 사립 재단들은 공익 이사의 반을 수용하면서 공영형 사립대학으로의 전환을 쉽게 받아들이지 않을 것이다. 그런데 정부가 공영형 사립대학으로 전환하는 사립대학에 한하여 교직원 인건비를 지원하는 정책을 추진하면 대부분의 사립대학은 공영형 사립대학으로 전환하게 될 것이다. 왜냐하면 사학 재단에서 막대한 재원을 투입하지 않는 한, 공영형 사립대학과 비슷한 수준의 등록금을 가지고 비슷한 수의 교수를 유지할 수 없기 때문이다. 다시 말하면 정부가 의지만 가진다면 이렇게 국가장학금 예산으로 국가책임교수제도를 운영하면서, 공영형 사립대학으로 전환을 충분히 유도할 수 있다. 물론 학생 수가 줄어들고 있는 상황이고, 국가장학금만으로 공영형 사립대학 운영 예산 지원이 충분하지 않을 수 있다. 이런 문제는 2017년 0.6%인 고등교육 예산을 OECD 평균인 GDP의 1%로 확보함으로써 해결할 수 있다.

국공립대의 공공성 강화[89) 90)]

우리 대학의 공공성 결여는 사립대에만 해당하는 것은 아니다. 고등교육비에 대한 정부 부담이 세계 최저 수준이라는 사실이 말해 주듯이, 국공립대도 학생들의 등록금에 많이 의존하고 있는 상황으로, 고등교육의 공공성이 확보된 것은 아니다. 게다가 상황은 더 악화되고 있는 실정이다.

1995년 신자유주의 고등교육정책을 골자로 하는 5·31교육개혁안 이후 국공립대학은 위기에 처해 있다. 먼저 국립대 법인화 정책의 실시로 등록금이 치솟았고, 2003년 국립대 등록금 자율화 조치의 시행으로 2004년부터 2008년까지 국립대 등록금은 폭등했다. 그리고 국립대학인 서울대학교나 인천대학교가 법인화되었는데, 이들 대학은 국가 사정에 따라 언제든지 대학 운영 경비가 학생들에게 전가될 위험성이 있다. 또한 고등교육 시장화 정책에 따른 정부의 국립대 구조조정 방침에 따라 10개 국립대의 통폐합이 이

---

[87] 이렇게 반값등록금 예산을 확보하여 교수 인건비를 지원하는 제도를 국가책임교수제라고 부른다.

[88] 행정비용이 적게 들고 낙인효과가 없다는 보편 복지가 선별 복지에 비하여 가지는 장점이다.

[89] 임재홍(2012), 「고등교육과 교육 공공성의 확장」, 『법학연구』 제20권 제1호, 경상대법학연구소, 137~138쪽.

[90] 임재홍(2012), 「이명박정부 교육정책에 대한 평가와 과제」, 『민주법학』 제50호, 민주주의법학연구회, 208~212쪽.

루어졌는데, 국공립대에서는 모두 108개 학과가 감축되었고, 학생 정원도 8,768명이나 축소되었으며, 그 결과 일반대학에서 국공립대가 차지하는 비율은 1979년 24%에서 2009년 13%로 줄었다.

이런 상황에서 사립대학의 공영형 사립대로의 전환과 함께 국공립대학의 공공성을 높이기 위한 노력이 동시에 필요하다. 이를 실현하기 위해서는 국공립대학을 신설하거나 확장하는 방안도 있고, 국공립대학의 재정 공공성을 강화하기 위해 (가칭) '고등교육재정교부금법'의 제정을 통해 내국세 총액의 일정 비율을 고등교육 교부금으로 사용하도록 규정할 필요가 있다.

고등직업교육기관의 공교육화[91]

또한 직업교육기관을 공교육화하는 것이 필요하다. 현재 우리나라 전문대학들은 국가 재정 지원의 부족, 수업 연한의 제한, 학벌 중심 사회구조 등으로 인해 전문 직업 인력을 양성하는 데 한계가 많다. 또한 전문대학이나 산업대학이 일반대학으로 전환하기도 하고, 일반대학이 전문대학에 설치된 학과나 유사 학과를 신설하면서 직업 전문대의 정체성이 흔들리고 있다. 이미 세계 여러 나라들은 전문대학을 평생직업 교육기관으로서 자리매김하면서 직업교육의 공공성을 제고해 나가고 있다. 예컨대 2020년 미국 대선에서 당선된 바이든 대통령은 교육 예산을 3배 늘려 저소득층의 대학등록금 면제를 확대하겠다고 공약하였다. 그리고 대선에서 당선된 뒤 2021년 4월 28일 취임 첫 의회 연설에서 3~4세 취학 전 아동을 대상으로 2년 무료 교육과 커뮤니티칼리지(2년제 공립대학)의 무상교육을 담은 '미국가족계획'을 발표하였다. 바이든은 "21세기에 12년은 더 이상 충분하지 않다"[92] 며 기존 무상교육 기간 12년에서 앞뒤로 2년씩 총 4년을 추가한 것이다. 따라서 우리나라에서도 전문대학의 정체성 확립과 아울러 무상교육화 실현 및 평생 직업교육기관의 공교육화가 절실한 실정이다.

[91] 임재홍 외(2016), 앞의 책, 165~167쪽.

[92] 박강수(2021. 5. 15), 「바이든 "고등교육 지원은 국가경쟁력 투자"」, 〈교수신문〉.

: 대학평준화의 한국적 경로

대학서열체제 해체와 공공성 강화에 입각한 대표적인 대학체제 개편안이 있다. 전국의 국공립대학을 하나로 묶어서 공동 선발하고, 공동 학위를 부여하자는 국공립대통합네트워크안(2004년 정진상 교수안)을 비롯하여, 학제 개편을 통해 전국 단일의 국립교양대학을 설립하고, 고등학교를 졸업하면 국립교양대학에 일단 진학한 뒤, 국립교양대학 성적으로 일반대학(전공과정)에 진학하도록 하자는 소위 교양대학안도 있었다. 2012년에는 진보 진영에서는 이 두 안을 통합하여 대학통합네트워크 안으로 발전시켰다.[73]

한국적 대학평준화 '대학통합네트워크'

우리나라에서 대학평준화를 이루기 위해서는 두 가지 조건을 고려하여 이행경로를 수립해야 한다.

[73] 심광현2011. 8. 4), 「21세기 한국 대학교육체제 개혁의 기본 방향: 〈국립대학통합네트워크(안)〉과 〈국립교양대학(안)〉의 통합에 의한 초·중등교육의 종합발전계획을 중심으로」, 전교조 토론회.

첫째, 사립대학의 비중이 매우 높다는 점이다. 대학서열체제를 타파하고 대학평준화체제를 안정적으로 유지하기 위해서는 앞에서 살펴본 것처럼 대학 공공성을 강화해야 하는데, 이를 위한 방법은 사립대를 국립대로 전환하거나 국공립대를 확대하는 방안이 있다. 그러나 사립대를 국립대로 전화하는 것은 사실상 사학의 지배구조를 바꾸는 것이기 때문에 사학이 기득권을 내놓지 않는 한 현실가능성은 없다. 또한 국립대학을 신설하는 것도 막대한 재정적 부담을 감당해야 한다. 따라서 사립대학의 공공성을 강화하는 현실적인 방안은 영국의 대학들처럼 정부책임형 사립대학으로 전환하는 것이다. 대학 공공성을 확보하지 않고서는 대학평준화 정책 추진에서 대학들의 동의를 끌어내는 데 많은 시간이 소요될 뿐만 아니라 안정된 대학통합체제를 유지하기가 어렵다.

둘째, 대학서열체제에서 상위 서열의 대학교들이 수도권 지역에 집중되어 있다는 점이다. 인구의 절반이 수도권 지역에 거주하고 있기 때문에 대학교 진학하는 학생 또한 산술적으로 우리나라의 절반이 모여 있다. 그런데 이에 반하여 수도권 지역의 대부분은 사립대학이며 국립대학은 가뭄에 콩 나듯이 듬성듬성 있을 뿐이다. 수도권의 국공립대학교라고는 서울대학교(현재는 법인대학), 서울과학기술대학교, 서울교육대학교, 육군사관학교, 서울시립대, 경인교육대학교 정도에 불과하다. 따라서 수도권 지역에서 대학평준화체제가 안정적으로 출범하기 위해서는 수도권 지역의 사립대학을 참여시키는 것이 필수적이다. 결국 이 두 가지가 이끄는 결론은 대학서열화 해소를 위해서는 수도권의 상당수 사립대를 공영형 사립대로 전환하고 이들을 국공립대와 함께 대학동합네트워크에 참여시켜야 한다는 점이다.

공영형 사립대로의 전환을 통해 대학서열체제 타파의 토대가 갖추어지면 본격적으로 공동선발-공동학점(학점교류)-공동학위제도를 도입하여 대학통합네트워크를 결성하는 국면으로 진입할 수 있다. 대학통합네트워크는 대학에 대한 국가적 지원과 책임을 바탕으로 학생을 공동 선발하고, 학점을 교류하며, 공동(통합)학위를 수여하는 대학연합체제이다. 이를 통해 대학통합네트워크에 포함된 대학들은 사실상 평준화된다.

공동선발은 대입자격고사를 통해 대학통합네트워크 정원 숫자를 선발하고, 통과한 학생들은 원하는 학과에 진학하게 된다. 학교는 거주 지역의 대학에 입학하도록 배정하되 원하는 대학에서 학점을 이수하도록 개방한다. 또한 평준화의 초기에는 기존의 인기 대학에 대한 지원이 높을 수 있기 때문에 일부는 추첨을 통해서 배정하는 방안들을 단기적으로 검토할 수 있을 것이다.

〈대학의 공동선발 방식〉
- 대입자격을 획득한 학생들은 먼저 1, 2, 3지망으로 대학을 지원해 배정받고, 배정은 거주지별 배정을 원칙으로 한다.
- 전공과정 진학은 희망하는 학과를 지원하도록 하되, 전공별로 학위수여 정원을 두고 정원 초과 인원에 대해서는 지속적으로 전과를 추진한다. 전공과정 진학 시 특정 캠퍼스에 집중도가 높을 경우 교양과정 이수 성적 등을 고려하여 배정한다.

공동학점은 대학통합네트워크의 어느 캠퍼스에서 학점을 이수하더라도 그 대학의 학점으로 인정하는 것이다. 이렇게 될 경우 특정 대학 캠퍼스에 대한 소속 욕구는 약화될 수 있고 학생들은 공부하고 싶거나 가기 쉬운 대학에서 학점을 이수하면 되는 것이다.

공동으로 선발하고 학점을 교류하였기 때문에 졸업생들에게는 대학통합네트워크 이름으로 공동학위를 부여한다. 이 과정을 통해 어느 캠퍼스를 나오더라도 사회적 대우에 있어서 차별이 사라지게 될 것이다. 결국 대학통합네트워크가 수년간 정착되면 대학의 학벌이 사라지고 각 지역의 대학들이 균형적으로 발전할 수 있는 토대가 형성될 것이다.

대학통합네트워크의 학부과정은 현행처럼 4년으로 하되 대학 1기 과정(1년)은 인문사회 계열과 자연계열 두 계열만 두고 국립교양과정으로 운영하며, 2기 과정(3년)은 학부제로 운영한다. 법대, 사범대, 의대, 약대 등 전문직을 위한 학부과정을 폐지하고, 이 과정들을 전문대학원에 설치한다. 이를 통해 선호도가 높은 학과에 입학하기 위한 대입 경쟁을 근원적으로 차단하고 대학의 균형 있는 학문 발전을 꾀하도록 한다.

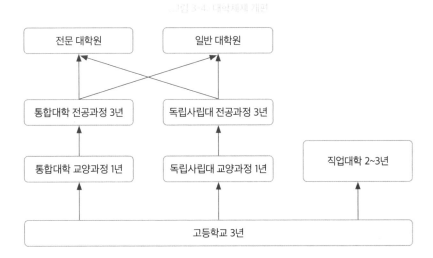
그림 3-4 대학체제 개편

대학통합네트워크의 현실화 경로

대학통합네트워크의 건설 방식은 추진 시점의 상황과 준비 정도에 따라 경로가 달라질 것이다. 특히 중요한 변수는 사립대학의 동의 정도인데, 사립대학의 참여 속도가 늦어지고 합의에 시간이 소요되어 시차가 발생할 경우에는 국공립대 우선 통합 방식이 추진될 수 있을 것이다. 이 경우 통합국립대학을 우선적으로 구성하여 통합네트워크로 이행을 추진하고, 추후 독립형 사립대학이 '정부책임형 사립대학(공영형 사립대학)'으로 전환되면 대학통합네트워크를 출범시키는 것이 두 단계로 진행될 수 있을 것이다.

즉, 통합국립대 이름으로 공동선발, 공동학위 수여, 교수 및 학생 교류, 단위 학교 간 상호 학점 인정, 통합 교양 교육과정 운영, 공동학과의 통합 운영 및 의사결정 체제를 갖춘다는 것이다. 국공립대 통합네트워크는 서울대, 강원대, 충북대, 충남대, 전북대, 전남대, 경북대, 창원대, 부산대, 제주대의 10개 거점 국립대학을 대상으로 하는 것이다.

〈표 3-10〉 대학통합네트워크 구성 경로

경로 1) 국공립-사립 동시 추진 방안

1단계	거점 국립대학+정부책임형 사립대학
	대학통합네트워크 구성(공통교양과정, 1년 후 전공 진입, 공동학위제, 교수 및 학생의 자유 이동)

경로 2) 국공립대 우선 추진 방안

1단계	국공립대 통합네트워크 구성		공영형 사립대학 추진 과정
	10개의 거점 국립대학을 중심으로 국공립대 통합네트워크 구성(공통교양과정, 1년 후 전공 진입, 공동학위제, 교수 및 학생의 자유이동, 통합국립대 내의 특성화)	+	고등교육재정교부금법 제정 등 정부책임형 사립대로 전환
2단계	대학통합네트워크 구성 공영형 사립대학과 국공립대와 통합네트워크 형성		

임재홍 외(2016), 앞의 책, 127~129쪽, 233~237쪽.

이러한 두 가지 단계를 사회적 합의에 기초하여 한꺼번에 추진함으로써 대학통합네트워크를 조기에 출범시키는 동시 추진 경로가 있을 수 있다.

경로 1과 경로 2 중 어느 경로가 될 것인지는 공영형 사립대로의 전환 속도, 대학통합네트워크에 대한 사회적 합의 정도 등 당시의 상황 속에서 최선의 경로를 선택하여 추진할 수 있다.

이렇게 대학통합네트워크가 구성되면 권역별로 연구네트워크체제를 구축하여 대학원 과정에서 심화된 연구와 학문 발전이 이루어질 수 있도록 한다. 대학원의 권역별 네트워크 체제는 대학 캠퍼스를 넘어 교수-대학원생의 공동 교육-연구 체제를 권역별로 구축하는 것을 목표로 한다. 이것이 실현되면 분과학문의 연구를 활성화할 수 있는 일정 규모의 인력풀을 확보함으로써 연구의 수공업성을 극복하고 연구의 전문화, 규모화를 이룰 수 있다. 이러한 연구 진영의 협력 체제를 구축함으로써 학문 발전의 새로운 동력을 확보하고 경쟁 패러다임을 넘어서는 새로운 학문 발전의 패러다임을 구축할 수 있다.

대학 간 학점교류와 학교 네트워크의 발전

대학평준화의 기본 경로는 대학통합네트워크를 구축하고 공동선발-공동학점(학점교류)-공동학위 제도를 운영하면서 각 제도의 완성도를 지속적으로 높여 가는 것이다. 대학통합네트워크가 구축되면 대학 정원을 산출하여 대입자격고사를 통해 공동선발하고 각 각 대학(캠퍼스)별로 학생들을 배정한다. 학생들은 공동으로 선발되었으므로 배정된 소속 대학뿐만 아니라 다른 캠퍼스에서도 학점교류를 통해 교육과정을 이수할 수 있으며, 졸업학점을 이수할 경우 공동학위를 부여받는다. 이러한 일련의 과정이 순환함으로써 대학통합네트워크가 실제로 운영되고 안정화되는 것이다.

　그런데 최근에 대학통합네트워크 구성 이전임에도 이미 여러 가지 요인으로 인해 대학 간 학점교류가 광범위하고도 체계적으로 도입되고 있다. 서울지역 대학과 경인지역 대학들이 학점교류 플랫폼을 만들어 진행하고 있으며, 거점 국립대 간에도 학점교류 제도가 도입되어 체계화·안정화되고 있다. 특히 코로나19를 계기로 원격 강의가 진행되면서 이러한 추세는 탄력을 받고 있다.

　서울지역의 대학들은 총장포럼 구성을 통해 학점교류를 확대하고 있다. 서울 소재 대학 총장 모임인 서울총장포럼은 각 대학의 인적·물적 자원 교류와 공유를 통해 함께 발전하는 '공유대학' 개념을 도입하였으며, 공유 플랫폼을 통한 학점교류를 추진하고 있다. 2016년부터 23개 대학 학생들은 다른 학교 캠퍼스에서 한 학기당 6학점까지 자유롭게 강의를 들을 수 있으며, 졸업에 필요한 학점의 절반까지 다른 학교 수강을 인정받고 있다.

서울지역 사립대학 학점교류-공유대학 플랫폼

　공유대학 플랫폼은 학점교류, 공동 프로그램 운영을 포함한 대학 간 인적·물적 자원의 공유를 위해 개발한 클라우드 기반의 시스템이다. 2018년 2학기부터 서울지역 23개 대학 학생들은 공유대학 포털 사이트에 접속해 타 대학 강의 정보를 조회하고 온라인으로 학점교류를 신청할 수 있게 된다.

출처: 대학저널(2018. 7. 19, http://www.dhnews.co.kr)

　공유대학은 학점교류, 연합대학 프로그램, 온라인 강좌(MOOC) 개방 그리고 서울 시민을 포함한 대한민국 전체 국민을 대상으로 한 강좌를 개설하고 있다. 학점교류를 통해 학생들은 소속 대학에 개설되지 않은 과정을 타 대학에서 수강할 수 있고, 대학들은 강점을 가진 서로 다른 전공을 공유해 상승효과를 이룰 것으로 기대하고 있다.

학점교류 체결 대학 현황(2020학년도 기준)

▨ 서울총장포럼 공유대학 학점교류 대학(22개 대학)

가톨릭대학교, 광운대학교, 건국대학교, 동국대학교, 동덕여자대학교, 명지대학교, 삼육대학교, 상명대학교, 서경대학교, 서울과학기술대학교, 서울시립대학교, 서울여자대학교, 성공회대학교, 성신여자대학교, 세종대학교, 숙명여자대학교, 숭실대학교, 추계예술대학교, 한국외국어대학교, 한성대학교, 홍익대학교, KC대학교

또한 경인지역 사립대학들도 협약을 체결하여 학점을 교류하고 있다. 교류 학점은 학기당 6학점 이내로 졸업 시까지 21학점을 이수할 수 있다.

경인지역 학점교류 협약대학(31개 대학)

가천대학교, 가톨릭대학교(성심교정), 강남대학교, 경기대학교, 경인교육대학교, 경희대학교, 단국대학교(죽전캠퍼스), 대진대학교, 루터대학교, 명지대학교, 서울신학대학교, 서울장신대학교, 성결대학교, 수원대학교, 아세아연합신학대학교, 아주대학교, 안양대학교, 용인대학교, 을지대학교, 인천대학교, 중앙대학교(안성캠퍼스), 차의과학대학교, 평택대학교, 한경대학교, 한국산업기술대학교, 한국외국어대학교(용인캠퍼스), 한국항공대학교, 한세대학교, 한신대학교, 한양대학교(안산캠퍼스), 협성대학교

국립대의 학점교류도 활발해지고 있다. 거점 국립대학 간의 원격수업 공동 운영 체제를 구축하여 학점교류를 진행하기로 하였다. 서울대를 포함해 강원대, 경북대, 경상대, 부산대, 전남대, 전북대, 제주대, 충남대, 충북대 등 10개교는 2020년 10월 '거점 국립대 학생교류 활성화를 위한 협약'을 체결하였다. 서울대는 국립대학이 아닌 국립대학 법인이지만 거점 국립대학들과의 교류를 활성화하는 취지로 협약에 참여하였다.

특히 국립대에서 학점교류가 탄력을 받고 확대되고 있는 배경에는 몇 가지 조건이 작동하고 있다.

첫째, 각 지역의 대표적인 국립대라는 동일성이다. 2000년대 초반까지만 해도 거점 국립대들은 서울지역의 일부 상위권 대학 다음으로 해당 지역 학생들의 선호도가 높았던 대학들이었고, 이른바 대입 시험 이후 대학 배치표에서도 유사한 위치를 차지했다. 이 대학들은 설립 주체의 운영의 동일성과 사회적인 평판에서 대학 지위의 동등성으로 인해 학점교류가 원활하게 이루어질 수 있는 조건을 갖추었다.

둘째, 서울과 수도권 소재 대학들의 서열이 높아지고 지방 국립대의 위상이 저하되면서 지방의 균형 발전과 대학의 균형 발전을 위해 공동 대응의 필요성이 증대하였다. 지방 국립대의 발전이라는 공동 과제를 해결하려면 공동 대응이 필요하였고 이 과정에서 대학 간 교류협력이 교육과정 분야에서도 체계화된 것이다.

거점 국립대학 간 협약이 정상적으로 진행되면 거점 국립대 재학생들은 재학 중인 대학이 아닌 다른 거점 국립대에서 수업을 듣고, 자신이 소속한 대학의 학점으로 인정받을 수 있다. 예를 들어 전북지역에 사는 서울대생이 전북대에서 수업을 듣고 서울대 학점을 이수한 것으로 인정받는다는 것이다. 특히 코로나19와 같은 상황에서 타 지역에 거주 중인 학생들에게 활용될 가능성이 더욱 높은 것으로 보인다.

지역별 학점교류와 국립대학 간 학점교류의 활성화는 공동학위의 물질적 조건이 된다. 원론적으로 학점교류가 일정 수준 이상으로 이루어지면 학점교류 대학 간 학위의 등가성이 인정된다는 것인데, 이는 공동학위 부여의 교육적 기초가 형성되기 시작했다는 것이다.

단, 현재의 학점교류는 부분적인 교류 수준으로 핵심적인 교육과정의 공유 수준으로까지 진척되지는 못했다. 대학 간 학점교류를 포함한 네트워크의 협력 정도와 유형은 세 가지로 구분해 볼 수 있다. 첫 번째는 대학 간에 단기적, 부분적으로 협력하는 교류형(컨소시엄형)으로 협약을 통해 제한된 범위의 사업을 진행하는 모형이다. 둘째는 동맹형 또는 연합형으로 각 대학의 정체성과 법적 독립성을 유지하면서 대학 상호 간의 목적과 이익 달성을 위한 중장기적인 연합의 성격을 띠며, 공동의 의사결정기구를 설립하여 추진하는 모형이다. 세 번째는 이보다 결합력이 더욱 강한 형태로 통합형 또는 결합형으로 대학들의 통합 및 재구조화를 통해 하나의 집합적 운영체제를 구축하는 모형이다.

실제 미국에서 진행된 네트워크를 살펴보면 컨소시엄형, 연합형(동맹형), 결합형(통폐합)의 세 가지 유형으로 구분된다. 이 중 연합형은 각 대학의 정체성과 구조를 유지하면서 주요 행정과 학술 기능을 공동 운영함으로써 컨소시엄형보다 목적 달성에 효과가 높으면서 결합형보다는 개발 참여 대학의 정체성을 인정하는 모형이다. 연합형의 사례로는 위스콘신주의 비영리 사립대학들이 연계한 위스콘신 사립대학 연합이 있다.

결합형(통합형)은 의사결정의 주체가 다른 둘 혹은 그 이상의 대학 간 통폐합으로, 기능적으로 불필요한 중복을 지양하고 대학의 특성에 맞는 경쟁력을 높일 수 있도록 재구조화한 모형이다. 통합형의 사례로는 캘리포니아 주립대학체제가 있다.[15]

대학통합네트워크의 출발이 공동선발제도의 도입이지만 이전에라도 대학 간 협력을 시작하고 협력의 단계가 높아진다면 대학통합네트워크는 신속하고도 원활하게 이루어질 수 있을 것이다. 따라서 현재 자연발생적으로

---

[15] 홍성효 외(2020), 「지역혁신을 위한 미래지향적 고등교육체제 구축방안 연구」.

진행되고 있는 학점교류와 학교 간 협력을 목적의식적으로 추동하고 발전시켜 나가는 것이 필요하다. 특히 정부가 학점교류를 확대하고 동맹형 수준으로 핵심적인 교육과정을 공유하도록 정책적·재정적 지원을 한다면 대학통합네트워크와 공동학위제가 빠른 속도로 현실화될 수 있을 것이다.

공동학위제 도입과 함께 공공기관이나 기업에서 고용할 때 졸업 학교에 대해서도 블라인드 처리를 병행 추진해야 한다. 두 가지 제도의 공통점은 출신 대학으로 인한 차별을 막고 대학서열화의 동력을 약화시킬 수 있다는 것이다.

이미 구직자의 신체적 조건(키나 체중)과 출신 지역 등에 대해서는 「블라인드 채용법」을 도입, 실시하고 있다. 여기에 사회적 논의를 거쳐 졸업한 출신 대학교 이름을 블라인드에 포함한다면 학벌사회의 문제점을 약화시킬 수 있을 것이다.

「블라인드 채용법」
　　구직자의 외모·출신 지역 등의 이력서 기재를 금지하는 「채용절차의 공정화에 관한 법률 개정안」으로 직무 중심의 공정한 채용을 목적으로 한 법안이다. 2019년 3월 28일 국회 본회의를 통과했다.
　　　　제4조의 3(출신 지역 등 개인정보 요구 금지) 구인자는 구직자에 대하여 그 직무의 수행에 필요하지 아니한 다음 각 호의 정보를 기초 심사 자료에 기재하도록 요구하거나 입증자료로 수집하여서는 아니 된다.
　　　　1. 구직자 본인의 용모·키·체중 등의 신체적 조건
　　　　2. 구직자 본인의 출신 지역·혼인 여부·재산
　　　　3. 구직자 본인의 직계 존비속 및 형제자매의 학력·직업·재산

　　「블라인드 채용법」은 구인자가 구직자에게 직무 수행과 관련 없는 신체적 조건(키나 체중)이나 출신 지역, 혼인 여부, 재산과 직계 존비속 및 형제자매의 학력·직업·재산을 기초 심사 자료에 기재하도록 요구하거나 입증 자료

로 수집하는 것을 금지하는 내용을 담고 있다. 만약 기업 등이 이를 위반할 경우 그 위반 횟수에 따라 300~500만 원의 과태료가 부과된다.

학교 블라인드 처리는 이미 대학입시에서도 적용되기 시작하였다. 2021년 대학 진학부터 대입 수시모집 서류평가 단계에서 지원자의 출신 고등학교 이름을 가리는 '고교 정보 블라인드'가 적용, 실시되었다.

블라인드 처리에 따라 고등학교는 학교생활기록부에서 출신 학교와 지역을 나타낼 수 있는 문구를 모두 삭제하도록 했고, 각 대학은 면접관에게 응시자의 개인정보 및 인적 사항(수험번호, 출신 고교, 성명 등)을 제공하지 않으며, 응시자의 인적 사항을 질문하지 않도록 교육하고 있다. 또 수험생에게도 면접 시 이와 관련한 언급을 하지 않고, 면접 복장 역시 교복을 착용하지 않도록 안내하고 있다. 이 제도를 안정적으로 도입하기 위해 2018년부터 대학 재정 지원 사업인 '고교교육 기여 대학 지원사업'에 '대입 블라인드 면접 도입 및 운영 실적'을 반영함으로써, 블라인드 면접을 도입한 대학에 정부의 예산을 지원해 왔다.[101] 따라서 학교 블라인드 처리를 대학입시뿐만 아니라 대학 평준화가 정착될 때까지 공공기관과 기업의 인사 채용에서도 확대 도입하여 학벌사회 해소에 도움이 되도록 해야 할 것이다.

이상에서 살펴본 것처럼 공동학위의 물적 조건이 될 학점교류가 최근 확대되고 있다. 이러한 학점교류를 체계화·조직화하여 연합형(동맹형) 단계로 발

---

[101] 블라인드 처리의 실제 효과에 대해서 체계적인 분석이 진행되어야 할 것이다. 그런데 블라인드 처리를 한 2021년 입시에서 이전과 비교해 서울 강남·서초 일반고와 비평준화 지역의 입시 명문고 출신 지원자들의 진학이 상대적으로 감소한 것으로 나타나고 있다. 이러한 상황은 교육과정이 달라 어느 학교인지 추정이 가능한 과고나 외고 등 특목고까지 포괄하는 데 한계가 있지만, 비평준화 지역의 학교나 자사고 등의 학교와 비교하여 일반고의 대입 결과에서 유리한 요소로 작용한 것으로 보고되고 있다.

전시킨다면 이것은 공동학위의 요건일 될 뿐만 아니라 학생들을 공동선발할 수 있는 자연스러운 제도적·심리적 요소로 작동할 것이다.

대학통합네트워크-시장만능주의 대학 구조조정의 대안

대학통합네트워크는 대학평준화 방안일 뿐만 아니라 현 시기 대학교육의 질을 높이기 위한 구조개편 방안이다. 이명박정부에서 시작된 대학 구조조정은 하위 등급의 평가를 받는 대학에 대해서 정원을 축소하고 퇴출을 유도하겠다는 것이다.

이러한 대학 구조조정의 근거로 고등학교 졸업생 수가 줄어들어 현재의 대학 정원이 과잉이 될 것이라는 점을 제시한다. 출산율 저하로 인해 2018년에는 대학 정원이 고등학교 졸업생 수를 초과하게 되고, 2023년에는 지금보다 대학 입학생 수가 16만 명이나 감소한다는 것이다.

〈표 3-11〉 고교 졸업자 대비 대학 입학 정원 초과 인원 추이

대학 진학자 예측 시계열 분석 (단위: 명)

연 도	2013년	2018년	2023년
학령인구(A)	687,455	598,296	433,032
고교 졸업생(B)	631,835	549,890	397,998
입학 정원(C)	559,036	559,036	559,036
초과 정원(B-C)	72,799	-9,146	-161,038

결국 대학 입학생 수가 감소하게 되면 학생 없는 학교와 학과가 생기는데, 대학 정원 감소로 인해 학생 충원이 되지 않는 학교는 적자가 누적되면서 폐

---

97) 교육부(2013), 「고등교육종합발전방안」.

교가 현실화되고, 이렇게 될 경우 대학 교직원의 실업 문제와 재학생의 수업 문제가 폭발하게 되리라는 것이다. 이러한 혼란한 상황을 막기 위해서 박근혜정부는 모든 대학을 대상으로 5단계로 등급화하고 단계적·차등적으로 정원 감축을 진행하여 2023년까지 대학 입학 정원을 16만 명으로 감축하겠다는 구조조정 계획을 제시했다.

〈표 3-12〉 대학 구조개혁 추진 계획

대학의 등급	정원 감축 방식	재정 지원 사업
최우수 대학	정원 자율 감축	정부 재정 지원 사업 참여
우수 대학	정원 일부 감축	정부 재정 지원 사업 참여
보통 대학	정원 평균 수준 감축	정부 재정 지원 사업 참여
미흡 대학	정원 평균 이상 감축	재정 지원 제한(국가장학금 II유형 미지급 + 학자금 대출 일부 제한)
매우 미흡 대학	정원 대폭 감축/퇴출, 자발적 퇴출 유도	재정 지원 제한(국가장학금 전체 미지급 + 학자금 대출 전면 제한)

* 교육부(2014)

그러나 이 방안에는 대학 정원의 감축만이 있을 뿐, 대학의 공공성을 강화하고 대학교육의 질을 높이겠다는 계획은 없다. 단지 대학 구조조정을 선제적으로 추진하여 대학 노동자들을 장기간에 걸쳐 해고하거나 비정규직으로 교체하여 충격을 분산시키려는 것에 불과하다. 오히려 이러한 계획은 현재 우리 대학의 파행 상태를 다음과 같이 더욱 심각한 수준으로 몰고 갈 것이라는 지적이 많았다.

첫째, 대학평가를 통한 정원 감축 정책은 고등교육의 황폐화를 야기한다. 대학평가 기준 중 전임교원확보율이 있는데, 많은 대학들은 전임교원확보율을 높이기 위해 단기 계약·저임금의 비정년 트랙 전임교원의 임용을 늘리고 있다. 엄밀히 말하면 반정규직 또는 중규직에 해당하는 전임교원을 늘리는 것이다.

둘째, 이러한 대학 구조조정은 지방 대학의 몰락을 가져와 수도권과 지방 간의 고등교육 불균형을 야기할 것이다. 또한 대학서열체제의 고착화를 넘어 대학의 등급화, 양극화를 가져올 것이다.

셋째, 교수·직원 대량 실업 사태 및 비정규직 증가가 불가피하게 동반된다. 박근혜정부의 교육부 정책안을 보면 앞으로 10년간 대학 정원을 16만 명가량 줄어든 40만 명까지 감축한다는 방침이다. 우리나라 대학 110개 정도를 줄여야 하는 규모이다. 이 경우 학생 정원이 28% 감축되면 교수나 직원도 그에 상응하여 비례적으로 감축되고, 이에 따라 최소 30%의 교수와 직원이 일자리를 잃게 된다. 그런데 대학 개편 방향은 단지 대학의 수를 줄이는 것이 아니라 대학의 교육 여건을 질적으로 상향한다는 관점에서 접근해야 한다.

넷째, 학문체제의 변동을 가져와 기초 학문과 예술 분야의 몰락, 학문 재생산 체계의 붕괴로 이어질 것이다. 이미 이명박정부에서 부실 대학평가가 이루어지면서 취업률에서 불리한 지위에 있는 인문학 등 기초 학문 분야 및 예체능 분야는 대학의 사전 구조조정을 통해, 즉 학과 통폐합 등으로 완전히 몰락한 상황에 처했다.

결국 정부의 이러한 대학 구조조정은 문제의 해결이 아니라 문제를 더욱 꼬이게 만들고 대학교육을 황폐화하는 것에 불과하다.

이러한 상황을 돌파할 좋은 해법은 따로 있다. 그것은 과잉된 것처럼 보이는 대학교육 역량을 대학교육의 질을 높이는 자산으로 전환하는 것이다. 즉 지금 있는 대학교들을 퇴출하는 것이 아니라 OECD 평균 수준에서 한참이나 떨어져 있는 고등교육의 여건을 개선하는 계기로 삼는 것이다.

먼저 대학의 공공적 재편을 담보하기 위해 고등교육 재정을 OECD 국가 평균 1.0%로 확충해야 한다. 그렇게 되면 재정 확보를 바탕으로 대학의 공공성을 강화하여 대학교육의 질을 높일 수 있다.

〈표 3-13〉 GDP 대비 공교육비(2017년 회계연도 기준)

(단위: %)

구분	고등교육(대학)		
	정부	민간	합계
한국	0.6	1.0	1.6
OECD 평균	1.0	0.4	1.4

* 한국의 연도별 GDP: (2016년) 1,641.8조 원 → (2017년) 1,835.7조 원

이를 바탕으로 우선적으로 대학교원 1인당 학생 수를 줄여야 한다. 즉 대학 교원 1인당 평균 학생 수를 OECD 평균 수준인 15명 정도로 낮추어야 한다. 이를 위해서는 전임교원 충원을 확대하고 고등교육 활동의 원활한 지원이 이루어질 있도록 대학 직원을 확보해야 한다. 즉, 대학 교원과 대학 노동자들을 구조조정이라는 이름으로 해고와 비정규직으로 내모는 것이 아니라, 오히려 정반대로 전임교원의 충원과 고용 안정화로 방향을 바꾸어야 한다. 아울러 강사 등 비전임교원의 고용 안정성을 높이고 처우를 개선해야 하며 학문 탐구에 정진하는 대학원생에 대한 지원도 강화해야 한다. 대학의 정규직·비정규직 직원들의 고용 보장과 복리 증진도 함께 이루어야 하며 청소, 시설관리, 식당, 어학원 등에 간접 고용된 노동자들까지 대학에서 보람을 갖고 일할 수 있도록 재원을 우선 투여해야 한다. 이 비용들은 사업비가 아니라 인건비로 고정 지급되어야 한다. 그래야 민주적이고 평등한 대학이 될 수 있고 양질의 고등교육이 가능하도록 관계된 모든 노동자들이 힘을 합쳐 학생들을 좋은 조건에서 공부하게 지원할 수 있다.

대학무상화와 대학평준화는 단순히 입시 문제의 부분적 해소나 학벌 완화 그리고 교육비 절감의 차원만이 아니라, 대학에서 공부하고 일하는 사

람들이 교육 주체로서 제대로 교육하고 연구하고 노동할 수 있도록 기반이 확보될 때 더욱 지지를 받을 수 있고 그 학문적·교육적 성과물이 사회에 크게 기여할 수 있다.

결국 기존 대학의 퇴출이 아니라 공공성 강화를 통한 재구조화가 요구된다. 이를 위한 방안이 정부의 교육재정 증대와 사립대에 재정을 투입하여 공영형 사립대학으로 전환하는 것이다. 그리고 공영형 사립대를 국립대와 함께 지역별로 묶어 재구조화된 대학네트워크를 구성하는 것이다. 또한 지역별로 대학이 연합하여 공동학점 제도를 도입하고 교과 과목을 이수하도록 함으로써 교원과 교과과정을 효율적으로 운영하는 것이다. 이로써 대학통합네트워크는 각 대학 간 협력적 체제 구축을 통해 학문 발전의 새로운 견인차가 될 것이다.

결론적으로 대학통합네트워크는 대학서열화 해소 방안일 뿐만 아니라 시장만능주의와 정부의 불합리한 대학평가에 따른 대학 구조조정 정책을 중단시키고 이를 대체하는 대학 재구성 방안이기도 하다.

보론

프랑스의 대학평준화

　프랑스에서는 68혁명이 일어나면서 대학체제 개편이 급속도로 진행되었다. 68혁명은 파리 낭테르 대학에서 촉발되었지만 대학생, 고등학생뿐만 아니라 노동자 계급이 연대한 총파업으로 확대되었다. 소르본에 바리케이드를 친 68혁명의 주체들은 고등교육기관의 확대와 모든 계층에 대한 개방을 요구했고, 전면적인 대학 자치와 민주화를 추구했다.

　이러한 요구가 혁명 이후 1968년 11월에 공포된 「고등교육기본법(포르법, E. Faure)」에도 반영되면서 프랑스의 대학체제 개편이 이루어졌다. 「고등교육기본법」으로 대학은 가장 높은 수준의 교육과 연구에 접할 것을 원하는 모든 사람들에게 개방할 의무를 지닌다는 것이 천명되었다. 고등교육 기회의 확대가 발표되면서 1968년 7월과 1969년 1월 사이에 26개 이상의 대학이 생겼다. 파리에서도 기존의 8개 대학에 더하여 5개 대학이 신설되었다.

　또한 「고등교육기본법」은 대학제도의 개편을 제시했는데, 대학 독립성을 강화할 목적으로 대학 법인격과 재정적 자치를 누리도록 규정했다. 이에 따라 종전의 고등교육기관이었던 학부를 대신해서 교육연구단위(UER)를 창설했는데,[98] 이는 단과대학에서 다전공대학 또는 종합대학으로 프랑스 대학체제를 개편하는 것이었다. 「고등교육기본법」이 담고 있는 자율, 참여, 다학문성의 세 가지 원칙 가운데 다학문성(pluridisciplinarité)으로 인해 이와 같은 UER 체제가 구성된 것이다. 그리하여 문과대는 '문학과 인문과학 대학(Faculté des lettres et des scienceshumaines)', 법과대는 '법학과 경제학 대학(Faculté du droit et de la Scienceéconomique)' 등으로 바뀌었다.[99]

68혁명 이후 이러한 대학교육 기회의 확대와 평등 요구의 흐름 속에서 파리 대학들이 개편되었다. 이 과정에서 파리의 교육연구단위(UER)들은 파리 1대학부터 파리 13대학까지 번호를 부여받게 되었다. 이로써 프랑스에서는 가장 분명한 상징적 형태로 대학평준화 체제가 성립되었다.

한편, 「고등교육기본법」은 대학 민주화를 명시함으로써 대학의 자주적 운영이 이루어지도록 보장했다. 교육부장관이 임명하는 대학 총장과는 별도로 선거에 의해 구성되는 대학평의회 의장이 있고, 학생들도 대학의 자치적 운영에 참여할 수 있는 권리를 확보했다.

프랑스 대학평준화 과정은 몇 가지 시사점을 제시한다.

첫째, 교육 주체들의 고등교육 개선 요구가 분출되고 사회적으로 노동자들이 광범위하게 호응하면서 법제도의 개편으로 전진했다. 이는 우리나라의 경우에도 대학서열체제 해소가 교육 주체들과 사회적 연대를 통해 대학 공공성 강화와 민주화라는 방향으로 진행될 때, 탄력을 받을 수 있다는 점을 시사한다.

둘째, 프랑스의 평준화 체제가 단과대학체제로부터 학문과 교수 집단의

98) 이규환(1980), 『선진국의 교육제도』, 배영사, 184~185쪽.
99) 박찬(2014), 「68혁명과 '새로운 파리 대학'의 출현」, 『서강인문논총』 제41집, 14쪽.

통합 등 종합대학 형태로 전환하면서 진행되었다는 점이다. 따라서 우리나라도 대학의 통합과 재구성(대학통합네트워크)을 통해 시대적 요구에 부응하는 형태로 대학평준화가 진행되어야 성공 가능성이 높아질 것이다.

그런데 프랑스의 대학평준화 체제 확립이 대학교육기관이 확대되는 과정 속에서 추진되었다면, 우리나라는 고등교육기관을 감축하려는 상황에서 진행된다는 차이점이 있다. 또한 프랑스에서는 국립행정학교, 고등상업학교, 고등사범학교 등 엘리트 교육기관인 그랑제콜을 제외하고 진행되었다는 한계가 있다.

따라서 우리나라는 우리나라의 대학의 상황을 고려하면서 프랑스보다 완전한 형태의 대학평준화를 이루는 경로를 설계해야 한다.

그런데 최근 프랑스의 대표적인 그랑제콜인 국립행정학교(ENA)의 폐교가 발표되었다. 에마뉘엘 마크롱 대통령은 2022년에 ENA를 폐지하고 '공공 서비스 연구소(ISP)'라는 이름의 새로운 기관으로 대체하겠다고 밝혔다.

국립행정학교(에나·ENA)는 권력으로 이어지는 길, 성공의 보증수표 등이라 불리며 프랑스를 이끄는 최상위층 공무원을 배출해 왔다. 스트라스부르에 본부를 둔 ENA는 제2차 세계대전이 끝나고 나서 나치가 점령했던 국가를 재건하겠다는 샤를 드골 당시 대통령의 지시로 1945년 10월 개교한 소수정예 특수대학 '그랑제콜' 중 하나다.[100] 마크롱 대통령과 발레리 지스카르 데스탱, 자크 시라크, 프랑수아 올랑드 등 전직 대통령들뿐만 아니라 현 정부를 구성하는 장 카스텍스 총리, 플로랑스 파를리 국방부 장관, 브뤼노 르메르 재정경제부 장관 등이 ENA 출신이다.

---

[100] 한혜란(2021. 4. 9), 「프랑스 대통령 4명 배출한 '권력의 산실' ENA 내년 해체」, 〈연합뉴스〉.

국립행정학교의 폐교 배경에는 2018년 말~2019년 초 불평등 해소를 촉구하며 프랑스 전역을 뜨겁게 달궜던 '노란 조끼' 시위가 있었다. 시위가 지속되자 마크롱 정부는 2019년 국립행정학교의 폐교 구상을 제시했고 이 약속에 따라 대학서열의 최상층부에 있는 국립행정학교의 폐교가 공식화된 것이다.

대학네트워크의 세계적 확산

대학네트워크는 대학평준화 추진에서 핵심적인 경로일 뿐만 아니라 교육의 질 향상과 경쟁력 강화를 위해 OECD의 여러 나라에서 도입하고 있는 핵심적인 대학 제도이다. 미국에서는 네트워크의 결합력에 따라 컨소시엄형, 연합형, 통합형 등 다양한 형태의 대학네트워크가 광범위하게 구성되어 있고, 유럽의 여러 나라에서도 최근 들어 대학연합 체제를 속도감 있게 출범시키고 있다.

미국의 경우 대표적인 연합형 네트워크인 위스콘신 사립대학 연합은 위스콘신주에 위치한 비영리 사립대학교들이 대학교육의 기회를 확대하는 것을 목표로 연계한 조직체이다. 위스콘신 연합은 30개의 분야별 전문가 그룹이 모범 사례 및 지적 자본을 공유하는 역할을 하고, 대학이사회에서 각 분야의 최종적인 의사결정을 한다. 연합형은 컨소시엄형보다 결합 수준이 강화된 것으로 입학, 학사, 경영 등과 같은 주요 기능과 관련한 전문 인력 및 전문 역량을 공유하고 회원 대학이 공동으로 운영하는 조직을 두고 운영진에게 실질적인 결정권을 지속적으로 부여하고 있다.

연합형보다 한 단계 더 강화된 통합형도 추진되었는데, 대표적으로 캘리포니아 대학교는 다수의 대학을 하나의 주립대학체제로 통폐합하여 재편했다. 1960년대 캘리포니아주의 대학 진학률은 60%로 높은 수준이었으나 30여 개의 주립대학은 동부 아이비리그 대학보다 경쟁력이 낮고 비효율적으로 운영되었다. 이를 개혁하기 위해 1960년~1975년에 고등교육을 위한 마스터플랜이 추진되면서 미국에서 가장 큰 주립대학체제를 형성했다. 캘리포니아의 대학을 3개의 대학으로 개편하여 각 대학들의 독립적 역할을 인정하면서도 일관된 시스템으로 전환하여 교육력을 발전시켰다.

University of California (UC)	California State University (CSU)	California Community College (CCC)
4년제 연구중심대학 10개교	4년제 교육중심대학 23개교	2년제 대학 113개교

캘리포니아 시스템은 UC Berkeley, UC LA, UC San Diego 등 명문 대학을 포함하고 있는 세계에서 가장 큰 공립대학 시스템으로 탁월성, 효율성, 민주성의 세 가지를 모두 담보하고 있다.

프랑스의 경우 2007년 사르코지 정부에 들어서면서 대학 간 협력 움직임이 가속화되어 2006년~2012년에는 연구·고등교육기관연합(pôles de recherche et d'enseignement supérieur, 이하 PRES)을 26개 설치하였다. 이 조직은 여러 고등교육기관과 공공 연구기관이 각각의 법적 독립성을 유지하면서, 특정 목적을 수행하는 데 있어서는 하나의 집단으로 기능하였다.

홍성효 외(2020), 위의 자료.
김종영(2020), 「대학통합네트워크의 구조와 단계」, '2020~2025년 대학통합네트워크 현실화 경로와 방안 워크숍' 자료집.

그러다가 2013년부터 법 제정을 통해 고등교육기관 및 공공 연구기관들의 협력과 대형화를 한층 더 강력하게 추진하였다. 이에 따라 프랑스에서도 대학연합의 설립이 확산되고 있는데, 대학연합은(ComUE)은 각 대학의 정체성을 유지하면서도 규모의 경제를 누릴 수 있는 형태로 참가 대학과 연구소의 상위에 대학연합을 관장할 거버넌스 기구를 새로 만든 형태이다.

대표적인 대학연합은 프랑스 남동부 지역에 위치한 그로노블-알프스 대학연합이다. 기존의 PRES를 전신으로 중심 도시 그로노블의 3개 국립대학, 그르노블 공과대학, 그로노블 정치학교, 그로노블 건축학교, 시부아-몽블랑 대학교 등 고등교육기관과 국립과학 연구센터, 그로노블 원자력 연구소 등 연구기관의 연합으로 2014년 결성되었다. 결성 이후 꾸준히 통합 노력을 진행하여 그로노블시 3개 국립대학은 2016년 그로노블 알프스 대학이 되었으며, 이후 마크롱정부 들어서 시범 공공기관의 형태로 통합대학이 되고 경쟁력도 강화되어 상하이 교통대학의 국제대학 랭킹에서 프랑스 지방 대학으로는 처음으로 세계 100위권에 진입하기도 했다.

특히, 2018년 마크롱정부는 시범 공공기관(Etablissement public experimental)을 도입하여 대학 통합에 박차를 가하고 있는데, 이 제도는 대학연합(ComUE) 이외의 다양한 형태의 통합 실험을 제도적으로 허용했다. 즉, 법 발효 시점부터 최장 10년의 통합 실험 기간을 줌으로써 실험 기간 만료 시점에 통합에 이르지 못할 경우 각각의 대학은 손해 없이 이전의 독립적인 대학으로 돌아가는 길을 법적으로 보장하고 있다.

핀란드도 대학연합 시도가 활발하게 진행되고 있는데, 대표적으로 교육

홍성효 외(2020), 위의 자료.

문화부 주관으로 핀란드 남서부 7개 대학과 핀란드 공업협회, 핀란드 노동 조합 연맹이 참여하는 기술네트워크 대학을 2017년에 출범시켰다. 알토 대학교,[104] 오울루 대학교 등 7개 대학이 참여하는 FITECH(The Finish Institute of Technology)는 석사과정 중심의 대학원네트워크로 시작했으나 2020년에는 일반인을 대상으로 한 학부 과정도 확대되고 있다. FITECH는 지역 산업의 요구와 미래 산업의 맞춤형으로 디자인된 성공 사례로 평가받고 있으며, 지역 대학 간의 활용 가능한 협력 모델[105]로 평가되고 있다.

이상의 사례들에서 알 수 있는 것은 대학네트워크가 우리나라에서는 대학서열 철폐의 중요한 경로로 논의되고 있지만, 유럽과 미국에서는 대학교육의 질을 향상시키는 전략으로서 최근에 광범위하게 추진되고 있다는 점이다. 다시 말해 대학네트워크는 대학서열체제 해소뿐만 아니라 대학교육의 질 향상이라는 차원에서 우리나라에서도 진지하고 적극적으로 검토되어야 하며 이때 서구의 다양한 대학네트워크론은 한국식 대학통합네트워크 모델을 창출하는 데 주요 참고 사항으로 활용될 수 있을 것이다.

---

104) 알토 대학교는 2010년 헬싱키 공과대학, 헬싱키 경제대학, 헬싱키 예술디자인 대학이 통합하여 만들어졌다.
105) 홍성효 외(2020), 앞의 자료.

: 대학평준화에 제기되는
몇 가지 질문에 대한 답변

　한국 사회에서 대학평준화 경로인 대학통합네트워크 방안에 대해서 단골 메뉴처럼 제기되는 몇 가지 질문 또는 비판들이 있다.

　첫째, 과연 대학통합네트워크로 대학서열화가 해소될 수 있는가이다. 다시 말하면 대학통합네트워크 방안의 실효성에 대한 문제 제기이다.

　둘째, 대입 경쟁을 해소하기 위해서는 대학평준화가 해결책이 아니라 학력 간 임금격차 해소에 주력해야 한다는 것이다. 학력 간 임금격차가 해소되면 자연스럽게 대학입학시험 경쟁이 완화되고, 나아가 지금과 같은 학력 인플레이션이 사라질 것이라는 주장이다.

　셋째, 독립 사립대학을 정부책임형 사립대학으로 전환하면 정부의 대학에 대한 통제가 강화되어 대학의 자율성을 위축시킬 것이라는 우려이다.

　넷째, 대입자격고사로 학생을 선발하는 대학통합네트워크는 대학의 학문 연구 경쟁력을 약화시킬 것이라는 우려이다.

서울 주요 사립대가 대학서열의 상위를 차지할 것이다(?)

이 주장은 비록 서울대가 대학통합네트워크에 참여한다 하더라도 대학서열체제의 상위권을 연세대, 고려대 등과 같은 사립대학들이 차지함으로써 대학서열체제 해소의 목표를 달성할 수 없다는 식의 비판이다.

서울대를 포함한 대학통합네트워크가 구성될 경우 대학서열이 '서울의 사립대-수도권 지역의 사립대통합네트워크-지방 사립대'로 재구조화될 것인데, 결국 대학서열은 깨지 못하면서 서울대가 현재 지방 국립대의 위치로 떨어질 것이라는 입장이다.

그러나 대학통합네트워크는 국립대만의 결합으로 한정하는 것이 아니라 일정한 조건이 되는 사립대를 공영형 사립대로 전환하여 대학통합네트워크에 참여하도록 설계되어 있다. 특히 서울과 수도권 지역의 경우 국공립대 비율이 매우 낮은 상황이기 때문에 서울지역의 사립대학들을 대학통합네트워크에 참여하도록 할 것이다. 대학통합네트워크의 위상을 세우기 위해서는 여러 가지 극적인 정책적 수단이 적극적으로 동원될 것이다.

사립대의 대학통합네트워크로의 참여를 위한 정책적 방안[106]
- 대학통합네트워크 참여 대학을 전기 대학으로 배치하여 학생을 우선 선발하도록 함. 상위권 학생의 대학네트워크 참여를 확보하여 기존의 서열체제를 해체하도록 함.
- 대학통합네트워크 참여 대학(사립대학 포함)에 법정 교원 확보 및 교원, 교직원(비정규직, 용역 포함)에 대한 임금 지급, 대학등록금의 무상화를 추진함. 이를 통해 사립대학 주체(교수, 학생, 교직원)들의 적극적인 참여

[106] 교육혁명공동행동연구위원회(2011), 『대한민국 교육혁명』, 살림터, 38~39쪽.

를 이끌어 내며 이를 통해 사립대학의 공공성을 강화함.

　- 법학, 행정학, 교육학대학원과 의학, 치의학, 수의학대학원 등 사회적으로 공공성이 높은 전문대학원 정원을 지역별로 인구비례로 설치할 뿐만 아니라 대학통합네트워크에 참여하는 대학의 정원을 확대함.

　- 사립대학과 10년 단위의 협약 체결을 통해 향후 지속적 참여 여부에 대한 대학의 의사결정 과정을 개방함.

　- 서울과 수도권에서 사립대의 참여 추이를 보면서 준비기에 국립대를 신설함. 국립대를 세우더라도 수도권 지역의 대학 총 정원은 유지하여 지방과 균형 발전을 이루도록 함.

　- 대학 관련 사립학교법 개정을 통해 대학의 공공성을 전반적으로 강화하도록 함.

　　대학통합네트워크의 무상화와 독립 사립대에 재정 지원을 중단하는 재정 정책을 폄과 동시에 교육, 의료, 법과 행정 등 공공성이 높은 학과 정원을 대학통합네트워크에 참여하는 대학 중심으로 증원하고 독립 사립대의 공공성 관련 학과 정원을 감원하는 대학 정원 정책을 실시하게 되면 대학통합네트워크의 지위는 강화될 것이다. 이러한 정책의 추진과 더불어 대학서열체제 타파의 사회적 합의가 공고해질 경우, 대부분의 서울지역 사립대는 대학통합네트워크에 참여하게 될 것이다.

　　설령 몇 개의 사립대들이 독립 사립대를 고수한다고 하더라도 지금과 같은 강고한 대학서열체제와는 성격이 달라질 것이며, 이 대학들이 현재와 같은 서열상의 지위를 누리지도 못할 것이다.

대학 과잉 상태에서 대학 구조조정이 필요하다(?)

　　우리나라는 학력 인플레이션으로 대학이 과잉된 상태라 구조조정이 필요하므로 대학의 평준화보다는 학력 간 임금격차 해소에 집중해야 한다는 주장이다. 이에 대한 구체적 반론은 다음과 같다.

첫째, 학력 간 임금격차를 줄이는 일은 지금부터 지속적으로 추진되어야 한다. 그런데 이것과 대학서열 철폐가 대립적인 것은 아니다. 오히려 학력 간 임금격차가 감소한다고 해서 대학서열화가 자동적으로 해소되는 것은 아니지만 대학서열 철폐는 학력 간 임금격차 해소에 유리한 조건을 형성할 것이다. 아울러 경제적 불평등을 근본적으로 해소하려면 이를 저해하는 여러 가지 제도를 폐지하는 사회 개편이 이루어져야 하는데, 대학평준화는 대학서열화와 학벌사회로 인해 발생하고 있는 차별을 해소하는 구조적 대안의 성격을 띤다. 그런데 대학서열체제 해소는 임금격차가 축소된다고 하더라도 자동적으로 해소되는 것은 아니다. 대학서열체제는 우리나라 교육제도에서 기인하는 것이므로 대학체제를 개편하려는 운동이 별도로 광범위하게 진행되어야 한다.

둘째, 우리 사회는 노동시장과 비교하여 학력 인플레이션 현상이 심하기 때문에 대학체제 개편은 고등교육 정원을 대폭 축소하는 방향으로 이루어져야 한다는 논리도 존재한다. 이러한 학력 인플레이션론은 몇 가지 조건을 배경으로 한다.

(1) 우리나라는 다른 나라에 비해 대학 진학률이 매우 높다. 이는 학벌사회가 조장한 것으로 학벌사회의 거품이 빠지면 대학 진학률이 낮아지고, 전문계 고등학교를 거쳐 산업현장으로 진출하는 비율이 증가할 것이다. 따라서 고등교육의 보편화를 추진하기보다는 학벌사회를 해체하여 고등교육에 대한 수요를 적정화해야 한다.

(2) 대학 졸업 이후에 과잉 학력으로 산업구조와 부조응하여 청년 실업이 많으며, 이전에 고졸 학력으로 하던 일에도 대졸자가 지원하는 등 직

업이 요구하는 것보다 높은 학력 소유자들이 취업하고 있다. 무엇보다 고졸 학력으로도 민주시민으로서 노동 생활을 수행할 수 있도록 중등교육이 완결성을 갖추어야 한다.

(3) 고등교육의 과잉화로 인해 국가가 고등교육을 책임지려 할 경우 막대한 재정이 필요하다. 따라서 대학 공공성 강화에 선행하여 대학의 구조조정이 필요하다.

그런데 이러한 학력 인플레인션론의 주장에는 다음과 같은 정당한 비판으로 한계와 문제점을 드러낼 수 있다.

첫째, 우리나라의 대학 입학률은 OECD 국가 중 상위권이다. 2017년 우리나라 대학 입학률은 57%로 OECD 평균(53%)보다 높은 수준이지만, 그것이 기형적으로 높은 입학률은 아니다. 우리나라의 2019년 고등교육 입학률은 벨기에(66%), 그리스(65%), 오스트레일리아(60%) 등 아일랜드, 리투아니아, 슬로베니아에 이어 7번째로 높다.

〈표 3-14〉 OECD 국가 고등교육 입학률(2015~2020)

		2015* (-2013)	2016 (-2014)	2017 (-2015)	2018 (-2016)	2019 (-2017)	2020 (-2018)
단기고등교육	OECD	-(-)	16(10)	13(9)	13(9)	15(10)	-(10)
	대한민국	34(-)	33 (-)	32(-)	32(-)	32(29)	-(28)
일반고등교육	OECD	55(45)	54(45)	52(43)	53(45)	53(45)	-(44)
	대한민국	55(-)	56 (-)	56(-)	56(-)	57(56)	-(56)
합계	OECD				66	68	-(56)
	대한민국				88	89	-(84)

* ( ) 25세 미만, 국제학생 제외

대학 입학률이 높아지는 것은 세계적인 추세이다. OECD 회원국들은 1995년 평균 37%에서 2015년 55%로 크게 상승했으며 우리나라도 1995년 41%에서 2015년 55%로 높아져서 보편화 단계에 도달했다.

대학 진학률이 전반적으로, 세계적으로 높아지는 것은 산업의 고도화에 따라 안정적인 직업의 경우 더욱 많은 교육을 필요로 하고, 이를 뒷받침할 정도로 사회적 생산력이 발전했기 때문이다. 세계적으로 볼 때, 1950년대에 중등교육이 팽창했다면 2000년대에는 대학교육이 보편화 단계로 진입했다.

우리나라는 이러한 추세에 더하여 학벌사회의 영향으로 인해 고등교육의 증가 속도가 빨랐으며, 교육 외적 목적으로 대학 진학이 증가한 부분이 있다. 따라서 고등교육의 위상을 재정립하여 대학교육의 거품을 제거해야 하겠지만, 이것이 고등교육의 대폭적인 축소를 의미하는 것은 아니다. 고등교육에 대한 요구는 사회의 진보와 함께 여전히 늘어날 것이기 때문이다. 단 고등교육의 확대 경로가 '고등학교 → 대학교'뿐만 아니라 '고등학교 → 취업 (생산노동) → 대학교육', '고등학교 → 직업대학 → 대학' 등 평생교육의 관점에서 다양화될 필요가 있다.

둘째, 대학교육을 기업의 노동력 요구 또는 취업이라는 경제적 관점에서만 바라보는 것은 교육을 통한 인간의 전면적 발달이라는 관점과 충돌한다. 초·중등교육이 전면적 발달의 기초를 형성하고 민주시민으로서의 기본적인 자질 형성에 중점이 있었다면, 개인의 지적·실천적 역량을 전문화하고 범위를 확장하는 것은 고등교육 단계에서 비로소 본격화될 수 있다. 따라서 사회적 노동의 형태와 상관없이 인간의 전면적 발달을 추구하는 과정에서 고등교육의 확대는 자연스러운 것이며 사회적으로도 지향해야 할 과제이다. 자본의 요구라는 관점에서 고등교육의 확대를 통제하려는 것은 비교육적인 관점이다.

더욱이 현재 우리 사회 실업의 성격은 대학교육의 과잉으로 인한 발생이라기보다는 저고용의 산업구조로 변동하는 과정에서 발생하고 있다. 즉 전문계고 졸업자 등 고졸 노동력이 부족하고 대졸 노동력이 과잉된 것이 아니라 전반적으로 고용이 감소하는 방향으로 산업구조가 재편되고 있다.

대학의 자율성이 사라질 것이다(?)

독립 사립대학을 공영형 사립대학으로 전환하고 이들 대학을 대학통합네트워크에 결합하도록 하면 정부의 대학에 대한 통제가 강화되고 대학의 자율성 위축이 나타날 것이라는 우려가 있다. 현재에도 교육부가 재정 지원을 지렛대로 하여 대학을 통제하고 대학의 인사에 관여하는 상황인데, 이렇게 되면 정부의 대학에 대한 개입력이 더 증대할 것이라는 주장이다. 특히 교육부가 대학 총장 직선제를 간선제로 바꾸려는 시도 등에서 보듯이 대학에 대한 교육부의 개입 시도가 노골화될 것이라는 주장이다. 이에 대한 답변은 다음과 같다.

첫째, 공영형 사립대학은 사학의 투명성과 민주적 운영을 중요시한다. 공영형 사립대학에 대해서는 정부 계약을 통해 지원의 범위를 설정하되, 계획에 따라 법적 지위를 반(半)공립, 반(半)사립의 지위를 갖도록 전환시킨다. 사립학교의 지배구조와 관련해서는 사립대학에 대학운영위원회(교원대표, 학생대표, 직원대표, 이사회 추천 인사, 교육과학기술부 추천 인사 등 15인 이상으로 구성)를 설치하고, 대학운영위원회가 교비 회계의 예산·결산에 관한 권한, 사립대학의 장 및 교원의 임면에 관한 사항 등에 대해 심의·의결권을 갖도록 한다.

임재홍(2013), 「한국 고등교육정책의 패러다임 전환을 위한 이론·법제·정책 연구」, 교육혁명공동행동연구위원회 자료집, 31쪽.

둘째, 사립 중·고등학교도 정부책임형 사립학교라고 할 수 있는데 이 학교들의 민주적 운영이 시·도교육청에 의해서 훼손되고 있지는 않다. 오히려 민주적 운영은 사학 재단의 전횡과 부패로 인해 위협받고 있다. 2007년 개정된 「사립학교법」에 따라 이사장의 직계 존·비속들이 학교장을 할 수 있게 되어 아버지는 이사장, 아내는 총장, 아들이 교장, 딸은 행정실장, 며느리는 교사 등으로 이어지는 족벌 운영을 통한 학교 사유화가 다시 완전히 합법화될 수 있게 되었다. 따라서 독립 사립대를 정부책임형 사립학교로 전환하는 것을 계기로 「사립학교법」을 대폭 개정해야 할 것이다.

셋째, 대부분의 대학이 국립대학인 유럽의 여러 나라들은 대학의 자율성을 가장 많이 누리고 있을 뿐만 아니라 대학의 자율을 대학의 본질로 하고 있다. 특히 국립대학은 자본의 압박과 유혹으로부터 상대적으로 독립되어 사립대학에 비해 대학과 학문의 자율성이 높게 유지된다. 대학의 자율성에 대한 위협은 시장과 독재정부로부터 온다. 따라서 민주적인 정부가 구성되면 국립대일 경우 시장의 요구로부터 학교와 학문의 자율성을 더 많이 보호할 수 있다.

물론 공영형 사립대학으로 가는 과정에서 정부의 공공적 개입은 증대할 수밖에 없다. 특히 대학통합네트워크가 구성될 때에는 새로운 대학체제의 수립과정이므로 사회와 정부의 공공적 개입이 불가피하다. 하지만 전체적으로 보면 사립대학의 투명성, 공익성이 증대되고 더 나아가 대학평의회의 활성화를 통해 민주적 운영이 증대하는 계기가 될 것이다.

대학교육력을 약화시킬 것이다(?)

공동선발, 공동학위를 중심으로 하는 대학통합네트워크 구성이 대학의 학문연구 경쟁력을 약화시킬 우려가 있다는 문제가 제기될 수도 있다. 하지만 이는 충분히 극복 가능하다.

먼저 한국 대학의 성격을 면밀하게 살펴볼 필요가 있다. 현재 전문대를 포함하여 대학 진학률은 80%를 상회한다. 또한 대학 진학자 중 70% 정도가 4년제 대학에 진학하고, 고등학교 졸업자의 50% 이상이 4년제 대학에 진학하고 있다.

이런 상황에서 대학의 학부가 학문연구의 역할을 담당한다는 것은 사실상 불가능하다. 대학의 학부는 학문연구가 아니라 교육 기능이 중심이다. 따라서 학생들을 공동 선발한다고 해서 대학의 학문연구 기능이 손상되는 것은 아니다.

대학의 학문연구는 대학원 이후 과정에서 주로 이루어진다. 대학통합네트워크는 대학원 간의 협력과 특성화를 용이하게 할 수 있다. 현재 한국의 대학들은 연구 인력 부족과 재정적 지원이 열악한 상태에서 대학 간의 협력도 부재하기 때문에 학문연구에 커다란 어려움이 있다. 대학통합네트워크는 오히려 대학 간의 장벽을 제거하고 대학원 수준에서의 대학 간 협력과 특성화를 확대해서 학문연구 활성화에 커다란 자극제가 될 수 있을 것이다.

대학통합네트워크는 전국 단위로 조직하며(전국 단위의 공동선발, 공동학위), 실제적 운영은 권역별로 한다. 대학 입학에서의 선발과정은 최대한 광역 계열별로(인문계/자연계 또는 인문계/사회계/자연계/공학계) 한다. 대학 진학 이후 대학 전공을 염두에 두고 대학 1학년 교양과정(전공교양)을 이수한 이후에 그 결과를 바탕으로 학과나 학부를 선택하도록 한다. 학과나 학부 정원의 탄력적 운영, 복수전공과 부전공의 활용 등을 통해 학생들의 요구를 최대한 수용하며, 인기 학과는 진급을 엄격히 하는 유급제도를 통해 쏠림 현상을 방지한다. 법학, 의학, 교육, 행정 등 공공 분야의 전문 분야는 전문대학원을 설치하여 운영한다.

세계적으로 보면 대학교육의 질을 향상하고 연구역량을 강화하기 위해 여러 나라에서 추진하고 있는 것이 대학연합체제의 구성이다. 대학네트워크를 통해 학문 간 융합, 학문 교류를 통한 연구 성과 공유, 규모의 경제를 통한 연구역량 강화 등을 이룰 수 있기 때문이다. 따라서 대학네트워크는 대학의 경쟁력을 약화시키는 것이 아니라 오히려 교육경쟁력을 강화할 수 있는 제도이다. 최근 유럽 각국에서 대학네트워크 체제를 도입하고 있는 이유이다.

제 **4** 장

입시혁명안
- 자격고사 중심 대입제도

: 다른 나라의 입시제도

독일: 아비투어

독일은 초·중등학교 및 대학교의 90% 이상이 국공립이다. 각 주정부의 교육자치권을 전적으로 보장하고 있어, 우리나라처럼 중앙 행정부의 교육부는 따로 없고, 주 교육부장관 상설회의가 운영될 뿐이다. 초등학교에서 대학까지 무상교육과 평준화가 자리 잡혀 있다. 학제는 초등 4년, 중등은 5년에서 9년까지 운영된다. 중등은 실업학교와 김나지움으로 구분되는데, 우리나라의 일반계 고등학교에 해당하는 김나지움은 중등 1단계와 2단계(오버슈투페)로 구분된다.

독일에서는 대학 진학 시에 10개 대학까지 지원할 수 있고, 각 대학에 6개까지 전공 지원이 가능하다. 대학 학과의 정원이 없어 진학에 큰 어려움이 없다. 일부 입학 정원 제한 학과가 있는데, 지원자가 몰릴 경우 20%는 독일의 대학입학자격시험인 아비투어 성적으로 선발하고, 20%는 대기 기간을 기준으로 선발하고, 60%는 개별 전형으로 선발한다. 독일 대학 진학률은 2010년 기준 45%에서 2018년 기준 52%로 증가 추세이다. 대입 전형에서 자격시험인 아비투어 점수를 산정할 때 학교 내신 성적(김나지움 2단계 오버슈투페 4학기 성적)을 포함시킨다. 내신과 대입 시험을 각각 활용하는 것이 아니라 두 가지를 합산해서 산출된 최종 학점을 대입에 활용한다. 대학 본고사는 따로 없다. 아비투어 만점은 900점이다(학교 내신 600점 + 아비투어 시험 300점), 아비투어 점수는 1~4학점으로 환산해 (1, 1.1, 1.2~3.9, 4.0) 대학에 제출한다. 원점수, 평균, 표준편차 등은 기재하지 않는다. 절대평가이며, 비교과는 내신에 반영하지 않는다. 다만, 개인 집중 탐구주제 활동인 '특별 탐구 리포트'는 내신 30점 가산점으로 산정한다.

대학입학자격시험 '아비투어'는 주 정부에서 운영한다. 2005년부터 주 교육부장관 상설회의의 결정으로 '중앙 아비투어'가 실시되었다(현재 6개 주가 독일어, 영어, 수학 과목에 한해 주 정부 차원의 중앙 아비투어 실시). 2017년부터 모든 주에서 실시할 계획이다. 주 정부에서 아비투어를 실시하지 않는 주는 각 단위 학교별 아비투어를 실시한다. 단위 학교에서 실시할 경우에는 주 정부의 아비투어 규정을 준수하고, 시험문제는 주 교육부의 사전 승인을 거친다. 복수 출제가 원칙이다. 국가 단위에서 대입 정책을 통일하고 상대적 서열을 매기는 방식에 대한 독일의 국민적 저항은 여전하다. 반면에, 각 고등학교의 교육을 신뢰하고 교사들의 권위를 인정하는 문화가 보편적으로 자리 잡혀 있다. 아비투어 응시자격 기준은 김나지움 2단계에 해당하는 오버슈투페 4학기 점수 200점 이상이며, 대학입학자격 부여는 아비투어 시험을 최소 100점 이상 획득해야 가능하다. 결국 대학입학자격 기준을 아비투어 300점 만점의 1/3로 잡고 있다.

아비투어는 4과목인데, 지필 논술시험과 구술시험으로 이루어진다. 응시자는 독일어, 외국어, 수학 중 반드시 두 과목을 선택해야 하며, 나머지 2과목은 자신의 적성과 진로를 고려해 본인이 이수한 과목 중 한 과목을 선택하고, 나머지 한 과목은 구술시험으로 치른다. 중앙 아비투어 출제 및 채점은 학교 교사가 하고, 채점 시 다른 교사가 한 차례 더 점검한다. 외부 기관에 채점을 맡기는 일은 없다.

프랑스: 바칼로레아

프랑스의 학제는 초등학교 5년, 중학교 4년, 고등학교 3년이다. 대학은 다양화, 평준화되어 있다. 프랑스 대학은 크게 일반대학과 선발권이 있는 대학(기술대학, 그랑제콜 등)으로 구분한다. 입학조건을 기준으로 대학을 크게 3범주로 나눈다. 1범주는 입학 선발 과정이 없는 85개의 일반대학과 서류 전형을 통해 학생을 선발하는 그랑제콜 준비학교, 2범주는 기술대학, 전문학교(에콜), 3범주는 그랑제콜로 대학 본고사(3과목 정도의 필기시험과 구술시험으로 구성) 등 경쟁 시험을 거쳐 상위 20%의 학생들을 선발한다. 일반대학은 별도 선발 과정이 없다. 대체로 거주지를 기준으로 학생 입학을 허용하고 있으며, 일부 선호 학과의 경우 교사 의견을 참고한다. 프랑스는 '입학은 쉽게, 진급과 졸업은 엄격하게'라는 기조를 유지하고 있다. 대학 입학보다 대학 학년 진급과 졸업에 엄격한 기준이 적용된다. 일반계 고등학교 정체성은 대학 준비, 즉 바칼로레아 대비 수업을 중심으로 진행된다.

일반 국공립대학 입학에는 고등학교 내신을 반영하지 않는다. 학생선발권이 있는 그랑제콜 등 대학 본고사를 실시하는 대학의 경우 고등학교 최종 2년 내신 성적을 토대로 지원자들을 선별한 후 필기시험, 구술시험 등을 실시한다. 바칼로레아는 고등학교 졸업시험이자 대학입학자격시험의 성격을 지닌다. 바칼로레아는 크게 세 가지(일반 바칼로레아, 기술 바칼로레아, 직업 바칼로레아)로 구분된다. 그 안에서 세부 전공별로 문과계, 상경계, 과학계, 호텔요식, 예체능계, 산업기술 등 11개로 세분화된다. 합격률은 88%이며, 대학 진학률은 2012년 기준으로 41%다. 부모의 사회적 배경이 바칼로레아의 종류와 합격률에 영향을 미치고 있다. 그랑제콜 준비학교 등록 학생 중 중·상류층 비율이 55%, 중·하층 자녀의 비율이 9%다.

바칼로레아 주관은 교육부와 30개의 아카데미(지방 교육 행정 조직)가 함께 하며, 채점은 아카데미 단위로 현직 교사가 한다. 20점 만점에 10점 이상이면 합격이다(16점 이상은 매우 우수, 10점 이상은 합격, 8~10점은 재시험 기회 제공, 재시험은 2개 과목 선택하여 구술시험). 바칼로레아는 전기 고사(고2), 본고사(고3) 두 차례에 걸쳐 시행된다. 전기는 전공별로 3과목, 본고사는 계열별로 다른데 7과목 전후(철학 공통, 체육은 학교별 수행평가)로 실시된다. 논술형을 기본으로 하되, 어학은 지필과 말하기로 구성되어 있고, 과학 등 일부 과목은 실기시험으로 시행한다. 논술시험은 두 부분으로 나뉘는데, 1부는 몇 가지 주제 중에서 택일하는 작문이고, 2부는 글 분석형으로 진행된다.

바칼로레아에 합격한 학생들의 진로를 보면, 14.1%는 그랑제콜 준비학교 포함 그랑제콜로 진학하고, 53.9%는 일반대학에 진학한다. 21.8%가 단기 기술대학에 진학하고 있다. 계열별로 최대 12개까지 학과를 지원할 수 있으며, 대체로 5지망 내에서 90%의 학생이 지망 학과에 배치된다. 주로 법, 경제, 회계, 과학, 기술 계열이 인기가 높다. 선호 학과의 경우도 성적을 엄격하게 고려하는 것은 아니다. 대체로 추첨을 시행해 성적 우수 학생이 탈락하기도 한다.

고등학교 2학년 진급 시 바칼로레아 계열을 결정하고, 고2, 3학년은 바칼로레아 시험 준비에 초점을 맞춘다. 고2, 3학년 과정에서 이수한 모든 교과목은 바칼로레아 시험을 치른다. 출제와 채점은 고등학교 3학년 교사가 담당한다. 그랑제콜 준비학교 선발 시 바칼로레아와 내신을 반영하고 있고, 내신 성적 비중이 크다. 고교 내신 성적은 교과목별로 20점 만점, 절대평가로 진행하고, 학생 성적표에는 과목별 원점수, 과목별 최고·최저 점수, 전 과목 평균, 학급 석차, 과목별 서술식 의견, 종합 의견, 저명한 대학의 경우 점수 뿐만 아니라 교사 의견을 중요하게 고려한다. 비교과 활동은 내신에 반영하지 않는다. 저명한 대학의 경우 비교과 활동 일부를 반영하기는 하나, 합격 여부를 결정하는 기준으로 활용하지는 않는다.

프랑스와 독일 입학제도의 시사점

첫째, 프랑스 바칼로레아와 독일의 아비투어는 철저한 고교 연계형 논술시험이다. 고등학교에서 대입자격시험 위주의 수업을 진행하지만, 우리나라처럼 입시가 고등학교 수업을 왜곡하는 일은 없다. 토론과 논술 중심의 수업으로 긍정적이다.

둘째, 고교 교사가 출제와 채점을 한다. 두 시험이 고교 연계, 고교 졸업 자격시험의 성격이 강해 고등학교 교사가 출제와 채점을 맡는 것은 자연스러운 일이다.

셋째, 변별보다 자격 검정을 목적으로 한 시험이다. 대학평준화는 자격시험의 성격으로 운영될 수 있는 바탕이다. 자격 검정의 성격이 강해 평가의 변별력에 집착할 필요가 없다. 평가의 공정성을 위해 2차로 타 교사가 한 번 더 채점 확인을 하는 정도이며, 독일은 단위 학교 아비투어를 인정하고 있어 교사의 평가권이 확고하다.

넷째, 독일은 내신이 비중 있게 (2/3) 대입에 반영되는 반면, 프랑스는 내신을 반영하지 않는다. 대신 독일은 대입자격시험 과목 수를 4~5개(기본 4개)로 축소 운영하고 있고, 프랑스는 두 번의 대입자격시험을 본다. 바칼로레아 본고사는 고교에서 이수한 과목으로 계열별로 7개 전후를 보고 있어, 내신을 반영하지 않아도 충분하다.

프랑스와 독일의 사례를 한국 상황에 맞게 적용한다면, 대입 전형을 수능과 내신 전형으로 간소화하되, 수능시험은 논술형 자격고사로 전환하여 고교 교사가 출제와 채점을 담당하고, 국공립대 통합 전형을 통해 대학서열화를 완화하면 된다.

미국: 입학사정관제와 SAT

미국의 대학입시제도의 특징은 고교 내신 성적 중심에 표준화 검사 결과를 결합한 입학사정관제를 적용하고 있다. 대학 성격에 따라 입시제도가 약간 다르다. 아이비리그는 우리나라 학생부종합전형과 유사하고, 국립대는 내신 위주 전형과 유사하지만 대학별 고사는 실시하지 않는다. 아이비리그 등 일부 대학을 제외하고는 입시경쟁이 치열하지 않다. 26%의 대학이 지원자 모두를 수용하고 있고, 지원자의 75% 이상을 합격시킨 대학이 26%이며, 지원자의 50~75%를 합격시킨 대학이 34%다. 경쟁률 2:1 이하의 대학이 86%다.

국가 표준화 시험인 SAT와 ACT는 공신력을 갖춘 제3의 교육평가 기관이 점수를 제공하고 있어 대학별 고사를 치르지는 않는다. 국가 표준화 시험은 여러 번 응시할 수 있고, 추가 학업 부담 없이 치를 수 있어 사교육 욕구가 크지 않다.

　[참고 1] SAT와 ACT
　- SAT Ⅰ 또는 SAT 추론시험: 학생의 지식과 활용 능력을 평가(독해, 작문,

수학)
- SAT Ⅱ 또는 SAT 개별 과목 전공 시험(Subject Test): 특정 과목의 성취와 관심 평가(문학, 미국사, 세계사, 수학 1·2, 생물학, 화학, 물리학, 외국어)
- ACT(American College Test, 대학 준비 정도를 평가하는 비영리 평가기관): 2014년 고교 졸업생의 57%가 응시, 고교 교육과정에서 습득한 지식과 능력을 평가하며, 중점 시험은 영어, 수학, 독해, 과학, 작문

[참고 2] 대학별 전형 요소
1. 제1대학(아이비리그) 입시제도(하버드대의 경우)
　① 제출 서류
　- 지원서 및 자기 소개서
　- SAT(Scholastic Assessment Test) Ⅰ 또는 작문 포함 ACT(American College Test) 성적
　- SAT Subject Test(두 가지), 경우에 따라 점수 제출을 안 할 수도 있음
　- 학교 보고서 및 고교 성적증명서
　- 교사 추천서 2개
　- Mid-year School Report와 Final School Report
　- 기타 보충 서류: 학생 재능이나 성취 관련
　② 반영 방법
　- 구체적인 평가 비중 설명하지 않음
　- 중요도 순: 학교 성적-개인적 특성-이수 교과목의 일관성-표준화 시험 성적-추천서-인터뷰

2. 제2대학(국립대)의 일반적 입시제도
　① 제출 서류
　- 교과 성적(10학년과 11학년), 필수 과목 지정(최소 15개: 영어, 수학, 과학, 역사/사회, 외국어, 예술, 선택 과목)
　- 국가 표준화 시험 성적: SAT Ⅰ 성적 또는 작문 포함 ACT 성적

② 반영 방법

- 고교 재학 기간 모든 학업 성적(과정의 수, 난이도, 성적 추이 등)
- 개인적 특성
- 국가표준화시험(SAT 성적)
- 강화된 학업 프로그램의 성취
- 기타 보충 서류

영국: A-Level 시험

영국은 의무교육과 대학입시 교육을 철저히 분리하고 있다. 영국 학생들은 만 16세까지 의무교육을 마친 후 중등학교 졸업 자격시험 GCSE(General Certificate of Secondary Education)를 보게 되는데, 이 시험 결과에 따라 대입 준비 2년 과정인 A-Level Sixth Form(12, 13학년) 또는 직업과정 등에서 계속 학업을 하게 된다. 통상 대학을 가기 위해서는 A-Level Sixth Form(12, 13학년) 과정을 거쳐야 하며 A-level 시험 결과를 대입에 반영한다.

A-Level Sixth Form(12, 13학년) 기간의 시험은 논술형 필기시험으로 구성되어 있고 2번의 시험을 본다. 1년 차 시험인 AS(Advanced Subsidiary) 레벨은 4~5과목, 2년 차 시험인 A2(A2 examination) 레벨은 3~4과목의 시험을 본다. A-Level 성적은 A⁺, A, B, C, E로 구분된다.

대학은 입학자격 요건으로 필수 2과목, 권장 과목(1~3과목), 유리 과목(1~3과목)을 선정한다. 학과에 따라 과목명과 수는 다르다. A-Level에서 대학입시를 준비하는 학생은 대학 전공 관련 과목 3~5개를 미리 수강한다. 비교과 영역은 자기소개서나 추천서를 통해 반영한다. 소수 유명 대학의 경우 별도의 입학시험(Admission test)이나 작문(Written work) 또는 면접(Interview)을 실시하기도 한다. 대학은 최대 6개 대학을 지원하게 되어 있어, 특정 대학이 학생을 선발한다는 개념보다는 자격 있는 학생을 다양한 대학에 배치한다는 개념으로 접근하고 있다.

A-Level 응시 자격은 중등학교 졸업자격시험 GCSE에서 5과목 이상 C 이상의 성적을 받은 학생이거나 GCSE에 준하는 과정을 통과해야 한다(중등학교 졸업자격시험 GCSE는 영어, 수학, 과학을 포함한 5개 이상 10개 이하의 과목으로 A⁺, A, B, C, D, E, F, G의 8단계 평가). A-Level 시험은 신뢰도, 공정성, 객관성 유지를 위해 제3의 평가 기관에서 주관한다. 최근에는 A-Level보다 국제바칼로레아(International Baccalaureate, IB)를 더 선호하는 추세이다.

미국과 영국 입시제도의 시사점

첫째, 영국은 의무교육과 입시 교육을 철저히 분리하고 있다. 이는 공교육을 보호하기 위한 조치다. GCSE는 절대평가, A-Level은 논술형 평가 시험이며 신뢰성, 공정성, 객관성을 확보하기 위해 약 30만여 명의 전문 평가인력을 확보, 관리하고 있다. 이는 오랜 전통과 역사에 기반을 두고 있는 것이다. 영국에서는 A-Level 과정과 시험을 민간 기관이 주도하고 있다. 우리나라에서는 근본적인 대학서열화 해소 대책 없이 곧바로 적용할 경우, A-Level 과정은 사실상 입시학원과 다를 바 없이 진행될 것이다.

둘째, 미국은 아이비리그 대학을 제외하고 대학이 서열화되어 있지 않다. 입시도 치열하지 않다. 내신을 반영하더라도, 고교에서 대학입시를 위해 별도의 교육과정을 준비하지 않는다. 대학입시에 관계되는 학교 밖 시험이 있으나(SAT, ACT, 표준화 시험 등), 이것들이 공교육을 황폐화하지 않는다. 고교 성적을 반영하지만, 대학입시는 개인이 준비해야 할 일로 보고 있다. 현재 우리나라의 학생부종합전형(구 입학사정관제)은 대학 입학의 유리한 고지를 점령하기 위해 고등학교 간 과열 경쟁으로 내몰고 있다. 이를 해결하기 위한 필수 전제는 대학서열화의 해소에 있다.

공동선발-공동학위 중심의 대학통합네트워크

어떤 사회의 대학 입시경쟁의 강도는 사회적 불평등의 정도와는 간접적으로, 대학서열화의 정도와는 직접적으로 비례한다. 대학서열체제가 강고할수록 더욱 치열해지는 것이 일반적인 경향이다. 입시경쟁 원인의 뿌리는 입학시험제도가 아니라 서열화된 학교체제이다. 그동안 입시경쟁을 완화하기 위해 시험제도의 개선이 여러 차례 시도되었지만, 대학서열체제 혁파를 위한 노력이 수반되지 않았기 때문에 대부분 성과를 거두지 못했다.

대학서열체제는 입구 쪽에서는 초·중등교육에서의 입시경쟁과 학교 서열화를 부추기고, 출구 쪽에서는 학벌사회를 만들어 사회 불평등을 심화시킨다. 특정 학벌 출신들이 사회 경제적 권력을 독점할 수 있는 기반을 제공하는 것이다.

한국의 대학은 세계에서 가장 강력하고 극단적인 서열체제를 형성하고 있으며, 대학서열에 의한 학벌이 그 어느 나라보다도 막강한 힘을 발휘해 왔다. 학벌의 위력을 직접적으로 경험한 사람들은 자신의 자녀들이 상위 학벌을 취득하기를 강렬하게 열망할 수밖에 없다. 이런 상황에서는 대학서열체제 혁파 없이는 상위 학벌 취득을 통한 지대 추구의 과잉 열망을 해소할 수 없고, 결국 극단적인 입시경쟁의 문제도 해결할 수 없다.

한국 사회는 대학서열체제와 학벌의 위력에 오랫동안 중독되어 왔다. 이런 중독성을 제거하기 위해서는 반대 방향의 강력한 해독제가 필요하다. 대학 간 공동선발제도는 물론 공동학점 이수, 공동학위 수여 등 고강도의 평준화 정책이 당분간 필요하다. 이런 과정을 통해 대학서열과 학벌의 독성이 제거되면 학생 선발과 학위 수여 과정에서도 훨씬 더 큰 유연성이 발휘할 수 있을 것이다.

대학서열체제 해체는 과잉 입시경쟁의 문제 해결뿐만 아니라, 고등교육의 공공성 강화와 부당한 사회적 차별과 지대 추구의 폐지에도 커다란 의의가 있다. 현재 한국의 대학들은 강제적인 구조조정, 상업화와 영리화, 대학 간 협력의 부재와 과당 경쟁 등으로 민주주의와 공공성 약화, 교육과 연구 기능 저하, 학부모와 학생의 부담 상승, 교직원의 해고 위험 증가, 비정규 교수와 직원의 양산 등 최악의 상황을 겪고 있다. 대학통합네트워크 건설은 이런 고질적인 대학의 문제 해결을 동반할 수 있다. 또한 대학통합네트워크에 의한 평준화는 학벌의 위력을 약화시키면서 학벌에 의한 사회적 차별과 비합리적인 패거리 문화를 해결하는 데 도움이 될 것이다.

절대평가 중심의 대학입학자격고사

대학서열체제의 해체와 발맞추어 대학입학시험을 자격고사로 전환해야 한다. 일정한 기준을 통과한 모든 학생들에게 대학 입학 자격을 부여한다. 당연히 자격시험은 상대적 서열을 측정하는 상대평가가 아니라 고등학교 교육과정을 제대로 이수했는지 여부를 측정하는 절대평가로 전환해야 한다.

2020년경부터 사실상 대입 정원이 고교 졸업생 수를 초과하는 역전 현상이 발생하고 있다. 고교 졸업자가 대학에 완전 진학을 할 수 있는 물적 조건이 갖추어지고 있으며, 이에 따라 대학시험은 학생들을 선별하고 배제하는 기능에서 학생들의 최소한의 자격 기준을 검증하는 성격으로 전환해야 한다.

〈표 4-1〉 대학입학 가능 자원 전망

구분	고교 졸업 인구	대학 입학 희망자	대학 입학 정원
2016	65만 2,702	53만 7,746	53만 655
2018	61만 1,709	51만 9,857	51만 2,036
2020	58만 129	47만 812	〃
2021	50만 126	42만 7,566	〃
2022	46만 5,937	41만 960	〃

* 대학 입학 희망자는 고교 졸업생과 재수생, 평생학습 수요 등을 포함한 추정치
* 2018년 이후 대학 입학 정원은 정원 감축이 이뤄지지 않은 것으로 가정(출처: 교육부)

자격시험과 절대평가제의 도입은 오로지 상대적인 순위를 올리기 위한 소모적인 경쟁을 제어하고, 학생들의 능력과 잠재력을 최대한 계발하기 위한 교육을 활성화할 것이다. 학교는 모든 학생들이 절대적인 성취 기준에 도달할 수 있도록 모든 역량을 집중해야 한다.

이제 학생들은 다른 학생들과 순위 경쟁을 하는 것이 아니라 자기 자신과의 경쟁을 해야 한다. 절대평가에서 동료들은 경쟁 상대가 아니라 협력 상대가 된다. 서로의 성장을 위해 서로 돕는 새로운 관계가 형성될 수 있으며, 누군가는 승자가 되고 누군가는 패자가 될 수밖에 없는 제로섬 게임의 악순환에서 벗어나 모두가 승리할 수 있는 새로운 환경이 조성될 수 있다. 학생들

은 과잉 경쟁의 부담감에서 벗어나, 훨씬 여유롭게 자기가 원하는 공부에 집중할 수 있다.

〈경쟁이 약화되면 학력이 저하될까?〉

경쟁이 약화되면 학생들의 학력이 저하되지 않을까 하는 우려가 존재한다. 실제로 어른 세대 대부분이 시험 경쟁이라는 외적 강제에 의해 학습한 경험을 가지고 있기 때문에 이런 우려들이 더욱 많을 것 같다. 하지만 더 이상 외적 강제와 경쟁으로는 학생들의 전면적 발달은 물론 학력 신장도 어렵다는 것을 우리의 현실이 웅변하고 있다.

과도한 경쟁은 학습 의욕을 고취하기보다는 대다수의 학생들을 낙오자와 학습 포기자로 만든다. 또한 경쟁에 살아남아서 공부를 열심히 하는 경우에도 학습 흥미도는 지극히 낮다. 국제 시험에서 한국 학생의 성적은 높은 편이지만, 학생-학교 간의 학력격차가 매우 크고, 성적이 좋은 학생들도 학습 흥미도는 지극히 낮다. 강제로 공부한 결과이다.

반면에, 성취도에서 우리와 어깨를 견주는 핀란드의 경우 학생 간 학력격차가 매우 적으며 학생들의 학업 흥미도는 매우 높다. 핀란드에서는 강제와 경쟁이 아니라 지원과 협력 중심의 교육을 실천하기 때문이다. 학습장애나 발달지체가 발생하면 이를 조기에 진단하고, 상담부터 학습 도움까지 입체적인 지원이 이루어진다.

단순히 경쟁을 제거하는 게 중요한 것이 아니라 경쟁을 대체할 협력과 지원 시스템을 강화하는 것이 중요하다. 최근의 혁신학교는 이런 실험에서 눈여겨볼 만한 성과를 거두고 있다. 경쟁과 서열을 통한 학력 강화가 아니라 협력과 지원을 통한 학력 강화라는 새로운 교육 패러다임으로의 전환을 적극적으로 모색할 때이다.

절대평가는 국가 수준의 평가 시험과 학교 수준의 평가 시험 모두에 도입한다. 대입자격의 부여에서 양자의 결합을 어떻게 할 것인지에 대해서는 크게 세 가지 형태가 존재할 수 있다. 프랑스는 국가 수준의 시험인 바칼로레아를 통해서만 대입자격을 부여한다(내신은 그랑제콜에서만 참조한다). 반면에 독일의 자격시험인 아비투어는 국가 단위 시험 성적 1/3과 학교 단위 시험 성적 2/3를 합산하여 자격을 부여한다. 마지막으로 학교 단위 성적만으로 자격을 부여하는 것을 생각해 볼 수 있을 것이다.

프랑스의 바칼로레아는 국가 단위 공동 시험이기 때문에 시험의 공정성 확보에 유리하고, 학생의 입장에서 하나의 시험만 준비하기 때문에 부담이 줄 가능성이 존재한다. 하지만 한국의 교육 풍토상 학교교육이 완전히 국가 수준 시험 준비로 전락할 위험이 존재한다. 따라서 독일의 아비투어형이 공정성 확보와 학교교육 내실화 모두에 긍정적인 기여를 할 수 있을 것으로 판단된다. 단지 국가 단위 시험은 기초 과목 중심으로, 학교 단위 시험은 심화 과목 중심으로 분리하여 학생들의 학습 부담을 최소화할 필요가 있다.

논술형 대학입학자격고사

대입제도의 개선은 초·중등교육의 정상화를 적극적으로 자극할 수 있어야 한다. 초·중등교육, 특히 입시제도와 직접 연관이 깊은 중등교육의 정상화가 구체적으로 어떤 방향으로 전개되어야 할지를 결정하기 위해서는 청소년 시기의 발달과정에 대해 이해하고, 우리 시대의 특성을 알아야 한다.

우리는 앞에서 전면적 발달을 논의하면서 고등정신기능의 발달과 과학적-총체적 세계 인식을 통한 자율적-능동적 주체 형성에 대해 이야기했다. 이런 전면적 발달에서 가장 중요한 시기가 중등교육과정이 운영되는 청소년기다. 지식에 대한 피상적 접근과 단순 암기, 이를 토대로 한 정답 고르기, 문제풀이 교육은 청소년의 고등정신기능 발달과 올바른 세계관과 가치관의 정초에 역행하는 것이다. 새롭게 도입되는 대학입학시험은 고등정신기능의 발달, 세계관과 가치관의 정초 그리고 우리 시대의 변화에 조응할 수 있는 역량 계발에 도움이 될 수 있는 교육과정의 활성화를 자극하고 이끌어 낼 수 있어야 한다.

이를 위해 매우 단순하지만 강력한 방법은 대학입학시험을 논·서술형으로 바꾸는 것이다. 객관식 선다형 중심의 대입시험 방식이 일방강의식-주입식 교수 방법과 단순 암기와 문제풀이 중심의 학습 방법을 강제하면서 우리 교육을 왜곡하고 질식시키는 주범이었으므로, 대입시험 방식을 바꿈으로써 새로운 교육의 흐름을 만들어 낼 수 있다.

논·서술형 문제는 도식화된 지식의 전달과 단순 암기 중심의 교수-학습 방법과는 어울리지 않는다. 반면에 다양한 텍스트에 대한 심층적 독해와 이를 기반으로 하는 글쓰기, 발표 및 토론, 주제 중심 프로젝트 수업 등 다양한 방식의 교육과 수업을 요구한다. 강의식 수업도 얕은 내용들을 폭넓게 가르치기보다는 개념들과 현실의 생생한 관계들, 개념들 간의 복합적인 내적 연관들을 깊게 가르치는 수업의 형태를 띨 것이다. 학생들은 개념과 이론들을 깊게 공부하고, 이를 통해 현실과 다른 텍스트들(문서, 영상, 다양한 예술품 등)을 분석하고, 종합하고, 재구성하는 훈련을 할 것이다. 또한 토론 및 프로젝트 수업 등을 통해 동료들의 다양한 생각과 의견을 접하게 되고 그들과 소통하고 협력하는 기회를 갖게 될 것이다. 이런 과정을 통해 타인을 이해하는 것뿐만 아니라 자신을 객관화할 수 있는 능력도 키울 것이다. 객관식 선다형 시험을 위한 교수-학습 방법에서는 경험할 수 없는 새로운 차원의 교육을 열어 줄 것이다(초등학교에는 다양한 수업 방법이 이미 들어와 있다. 하지만 고등정신 기능과 세계관의 형성에 결정적인 시기인 중·고등학교에서는 정작 매우 낡고 시대착오적인 수업 방법으로 후퇴한다).

논·서술형 문제는 여러 문제를 출제하여 학생들이 선택해서 풀게 함으로써, 과목의 내용 전체를 반드시 알아야 한다는 강박에서 벗어나 깊게 공부할 수 있도록 한다. 특정한 지식에 대한 파악이나 암기 정도를 측정하는 것이 아니라, 해당 교과의 기본 개념에 대한 이해와 이에 기초한 사유 능력을 측정한다. 그리고 논·서술형 문제의 도입은 대학체제 개편과 같은 전제 없이도 언제든지 가능하다는 점을 유의할 필요가 있다.

국가 수준(기초 과목)과 학교 수준 시험(심화 과목)의 결합

대학입학시험에서 영어와 수학의 비중이 너무 높다. 수학이 논리적 사고와 추상화의 능력을 키우는 데 필요한 과목이고 자연과학의 기초를 이루기 때문에 대부분의 국가에서 주요 과목으로 취급하지만, 한국 교육에서 수학의 비중은 너무 높다. 또한 세계화 시대에 영어의 중요성은 충분히 인정하지만 영어의 비중 역시 너무 과도하다.

일종의 도구 과목으로 볼 수 있는 수학과 영어의 학습에 에너지를 대부분 소진하여 정작 삶에 직접 필요한 인문-사회-자연-예술 분야에 대한 학습은 매우 소홀해지고 있다. 경제학 전공 등 아주 특별한 경우를 제외하고는 고등학교 문과를 졸업한 사람이 수학을 사용할 기회는 평생 동안 거의 없다. 외국인을 직접 접하거나 서양 학문을 전공하는 경우가 아니라면, 고도의 영어 능력이 반드시 필요한 것은 아니다. 문과 계열의 학문을 전공하는 데는 수학적 소양보다 철학적 소양이 훨씬 중요할 수 있다. 영어 독해력의 부족보다는 모국어 문해력 부족이 사람들의 지성화를 방해하는 것이 현실이다. 영어나 수학에 대한 지식보다 인문, 사회, 자연, 예술 분야의 기본 소양이 평생 동안 우리의 일상적인 삶에 훨씬 커다란 영향을 미친다. 더 이상, 영어와 수학에 대한 맹목적 중시 현상에 눈감을 수 없다. 교육과정과 입학 시험 제도를 대대적으로 손질하여 영어와 수학의 비중을 적절하게 조정해야 한다.

　국가 수준의 시험은 국영수 중심의 기초 과목과 공통 사회와 과학을 중심으로 진행하고, 학교 수준의 시험은 심화된 인문, 사회, 자연, 예술 과목 중심으로 구성한다. 고등학교 1~2학년 때는 기초 과목 중심으로 공부하여 국가 수준 시험을 준비하고, 2~3학년 때는 인문, 사회, 자연, 예술 중심의 심화 과목을 중심으로 공부하고 학교 수준의 시험으로 성적을 산출하는 방식이다. 이렇게 되면, 학생들이 영어와 수학에 대한 편식에서 벗어나 균형 있는 학습이 가능해질 것이다.

〈고등학교에서 문이과 통합 교육과정은 타당한가?〉
　　이과 계통의 경우 과목 내부의 연계성(위계적 연결성)은 매우 강한 반면, 과목 사이의 전이성은 떨어진다. 예를 들어 수학이나 과학의 경우 기초 단계를 제대로 완수하지 못하면 고급수학과 고급과학을 학습하는 것은 불가능하다. 문과 학문의 경우 수학이나 과학처럼 해당 학문의 기초 과정을 반드시 숙달할 필요는 없다. 또한 문과 학문들은 전이성이 매우 강하다. 언어학, 역사학, 철학, 사회학, 심리학, 경제학 등은 긴밀하게 연결되어 있으며, 한 분야의 학습의 성과는 다른 분야로 쉽게 전이된다. 따라서 문과의 경우 유관 학문 간에 복수 전공이 많으며, 복수 전공이 단순히 두 가지를 전공하는 것이 아니라 서로를 긴밀하게 결합시키면서(융복합) 매우 유용한 결과를 산출하는 경우가 많다. 하지만 화학적 식견이 물리학이나 생물학으로의 전이되는 강도는 훨씬 약하다. 기계 공학과 전자 공학은 같은 공학이지만 복수 전공이 사실상 불가능하며, 또한 거의 불필요하다.
　　직업과 연계성도 마찬가지다. 이과 전공자들의 경우 대학에서 연마한 지식이 직업에 직접 활용된다. 그런데 문과 전공자들이 대부분 진출하는 직장들은 회사의 사무직이나 관리직, 서비스직 그리고 공공 기관이나 공무원 등의 일자리다. 이런 직장에서 전공 지식이 직접 활용되는 경우는 극히 드물다. 문과 전공자가 진출하는 직장은 특정한 전공 지식을 요구하기보다는 일반적인 문해력, 기획력, 법이나 경영에 대한 상식, 원활한 소통과 대인 관계 형성 능력 등이 필요하다.

따라서 문과를 전공하는 경우에 고등학교에서 어느 과목을 이수하고 어떤 자격시험 과목을 패스했는지는 크게 중요하지 않다. 문제는 이과 계열 전공자가 고등학교 단계에서 수학이나 기초과학에 대한 폭넓은 학습이 필요할 가능성이 높다는 것이다. 따라서 대학에서 공동선발할 경우 이과 계열에 진학을 희망하는 학생들에게 반드시 일정한 단위 수 이상의 수학과 과학 과목 이수를 요구할 수 있을 것이다.

대입제도의 패러다임 전환

결론적으로 대입제도의 패러다임을 바꾸어야 한다. 고등교육이 대중화되고 초·중등교육을 학생의 성장과 발달의 관점에서 재구성하는 시대적 상황

〈표 4-2〉 대입제도의 패러다임 전환

	대학 선발 중심	학생의 발달과 진학 중심
대학 정원	대학의 학부 또는 학과 정원을 중심으로 학생을 선발	학생의 희망과 지원을 중심으로 학부 및 학과의 정원을 탄력적으로 조정
대입 전형	학생의 점수를 서열화하기 위한 다양한 전형 도입	대학 수학 능력 여부를 판별하는 형태로 전형을 단순화
전형 형태	수시, 정시로 구분되고 학생부, 수능, 논술, 면접, 입학사정관제 등 복잡한 전형	대입자격고사를 중심으로 한 단순한 전형
대입 시험의 과목	대학이 요구하는 과목 중심의 교육과정 운영	고교 교육과정의 정상적인 이수 여부를 측정

에서 대학입시에 대한 관점의 근본적인 전환이 필요하다.

학생들이 자신의 적성과 관심, 진로에 대한 고려에 따라 고등교육을 받을 수 있는 기회와 장을 제공해야 한다. 그리하여 대입제도는 대학교육을 이수할 능력을 갖추었는지의 측정에 중심을 두고, 고등교육을 받을 수 있는 조건과 의지가 있는 학생들이라면 사회적 차원에서 희망하는 학문을 배우고 연구할 수 있도록 해야 한다. 이에 따라 대입제도를 대학 선발 중심에서 학생의 전면적 발달과 진학 중심으로 재설계해야 한다.

이렇게 대입제도의 관점을 전환할 때, 대입제도는 상위권 학생을 선발하기 위한 내신과 수능시험의 치열한 점수 경쟁에서 대입 수학 능력 여부를 판단하는 여유 있는 시험으로 바뀌게 되고, 대학 입학전형도 대입자격고사 형태로 단순화될 것이다.

대학통합네트워크에 기초한 대입자격고사 도입은 준비 과정과 대입 제도 변화 예고 기간(교육과정 개편도 동반되어야 한다) 등을 고려하면, 이 제도를 공약한 정부가 들어선다고 해도 수년이 경과해야 현실화될 수 있을 것이다. 따라서 대학통합네트워크와 대학입학자격고사가 도입되기까지 과도적인 방안과 경로가 필요하며, 이를 통해 근본적인 개선안에 연착륙시켜야 한다. 대입자격고사에 연착륙시키려면 현재의 9등급 상대평가제인 내신 성적과 수능시험을 절대평가로 전환하고, 등급의 수를 줄여야 한다(9등급 → 5등급).

이러한 기조에 비추어 과도기 방안의 핵심 내용을 살펴보자.

첫째, 대입제도에서 절대평가 방식을 전면화한다. 국가 수준의 시험인 수능에서는 절대평가를 전 과목으로 확대하고, 절대평가 등급은 최대 5등급을 넘지 않도록 한다. 수능 절대평가 전환은 곧바로 가능하다. 별도의 교육과정 개편이나 수업 혁신 없이도 단지 성적 산출 방식만 바꾸면 되기 때문이다.

학교 내신의 경우에는 지금 고등학교에서 시행하고 있는 것처럼 상대평가 9등급제와 절대평가 5등급제를 동시에 실시하여 그 결과를 대학에 제공한

구분	상대평가	절대평가
점수 산정 방식	▶학생의 성적(등급 등)이 전체 응시 집단에서 차지하는 상대적 순위에 따라 부여	▶상대적 순위에 상관없이, 학생들이 얼마나 성취했는지 평가하여 일정 수준을 달성한 학생에게 해당 등급을 부여
점수 산정 예시	▶학생이 90점을 받은 경우, 다른 학생들의 점수가 어떤지에 따라 등급이 달라지며, 90점보다 높은 점수를 받은 학생이 많으면 1등급을 받지 못함	▶학생이 90점을 받은 경우, 다른 학생들 성적에 관계없이 1등급을 받을 수 있음(1등급-90점 이상/ 2등급-80점 이상 등으로 설정한 경우)
시험 문항 출제	▶학생을 변별하기 위해 일정 수의 문항은 고난도로 출제하는 것이 불가피	▶학생 변별보다는 성취수준을 달성했는지를 중점적으로 고려하여 출제
수업 및 학습 형태	▶상대적으로 높은 성적을 받기 위한 무한 경쟁의 학습 발생 ▶의사소통 중심의 실질적 영어 능력 향상보다는 문제풀이 중심의 영어 수업 진행	▶상대적 경쟁보다는 실질적 영어 능력 향상을 위한 학습 가능 ▶문제풀이 중심의 영어 수업에서 벗어나 의사소통 중심의 수업을 진행할 수 있는 기반 조성

* 출처: 교육부 보도자료(2014. 12)

위의 표에서 알 수 있듯이 절대평가의 장점은 학생들 간의 무모한 무한 경쟁을 막고 순위 산출을 위한 수업이나 평가 등을 지양하고, 최대한 많은 학생들이 성취 목표에 접근할 수 있도록 지원하는 수업과 평가를 활성화하는 데 있다. 하지만 교육부는 한국사와 영어에 절대평가를 도입하면서 절대평가의 등급을 9등급제로 세분화하여 자기들이 내세웠던 절대평가의 장점을 스스로 훼손하고 있다. 절대평가 체제에서 등급을 세분화하면 절대평가제 도입 취지가 심각하게 훼손될 수 있으며, 일상적으로 성취기준을 작성할 때 5단계 범위 안에서 설정하는 것이 현실적이다. 이에 대해서는 교육개발원 등의 연구도 분명히 하고 있다. 5개 등급(수-우-미-양-가, A-B-C-D-F) 또는 4개 등급(우수-보통-기초-기초미달)으로 절대평가를 진행하는 것이 일반적이다. 참고로 외국어 학습 성취를 평가하는 데 적용하기 위한 유럽 공동의 가이드라인은 A-B-C 세 등급으로 우선 구획하고, 이를 각각 이분하는 틀로 6개 등급을 채택하고 있다.

다. 대학에 따라 두 가지 내신 성적 중에 어떤 것을 반영할지 자율적으로 결정한다. 내신에서 상대평가 성적을 산출하는 이유는 대학서열체제가 지속

강태중(2014), 「수능 영어영역 절대평가 방안 모색」, 수능 영어영역 절대평가 도입방안 공청회(차) 자료집.

되는 상황에서 수능과 내신 모두가 느슨한 절대평가가 되었을 경우 발생할 수밖에 없는 혼란을 막기 위해서다. 대학들은 우수 학생을 독점하겠다는 낡은 의식에서 벗어나 선발보다는 교육에 집중해야 한다.

둘째, 절대평가로 전환된 수능시험의 경우 인문사회 과목에서부터 논·서술형 출제를 시작한다. 인문사회 과목이야말로 분절적이고 단편적인 지식을 묻는 객관식 선다형 시험에서 가장 먼저 벗어나야 하는 과목이며, 논·서술형 출제도 상대적으로 용이하다. 인문사회 과목에서 논·서술형의 노하우를 축적하여 점차 다른 과목으로 확대해 나간다. 당연히 이를 위해 반드시 학급당 학생 수를 감축하고 교사연수를 지원해야 한다. 1점으로 당락이 좌우되는 상대평가에서는 논·서술형 시험을 도입하기 어려울 테지만, 절대평가로 전환한 상황에서는 더 이상 예민한 문제가 아니다.

셋째, 수능과 내신 이외에 일체의 대학별 고사를 폐지한다. 대학별 논술고사, 적성검사, 문제풀이 면접시험 등은 폐지한다. 논술고사의 순기능은 국가 단위 논술시험으로 이전한다. 학생부종합전형을 인정하는 것은 교육적으로 타당하기 때문이라기보다는 대학의 요구를 일정하게 수용하고 특정 유형(소위 자사고, 특목고 등 입시 명문고)의 고등학교가 존재하는 현실을 인정하기 때문이다. 특목고에서 전공 학과에 특별한 재능이 있거나, 일반고에서도 특정 분야에 뛰어난 재능이 있는 학생들을 위한 제도이다.

넷째, 입학전형을 단순화해야 한다. 수시는 내신(학생부교과전형) 또는 학생부종합전형으로 단순화하고, 정시는 수능을 중심으로 하되 절대평가인 관계로 학교 내신 성적을 일정하게 반영할 수 있도록 한다.

이러한 내용을 정리하면 과도기 방안은 〈표 4-4〉와 같다.

<表 4-4> 과도기 입시 방안

	기존(교육부)	과도기 안 (대입자격고사 도입 이전)	비고
수능시험	▶국어, 수학, 사회탐구, 과학탐구 과목 상대평가임(한국사와 영어, 제2외국어만 절대평가)	▶5등급 이하의 느슨한 절대평가 전 과목으로 확대 ▶인문사회 과목을 중심으로 논·서술형 평가 도입	- 9등급 절대평가도 난이도에 따라 5등급의 효력을 발휘하기도 함
내신	▶9등급 상대평가제 ▶성취평가제(5등급 절대평가) 결과 제공 시기는 미정	▶9등급 상대평가 결과와 성취평가제 자료 동시 제공	- 서·논술형 평가 확대 - 성취평가와 상대평가 자료 중 대학이 선택하도록 함
논술	대학별 논술 유지	대학별 논술 폐지	수능과 내신으로 흡수
대입 전형	수시: 학생부, 학생부종합, 논술, 면접 등 4개 이내 전형 요소 사용 정시: 수능, 논술 등 2개 이내 전형 요소 사용	수시: 내신 또는 학생부종합전형 정시: 수능시험 절대평가+내신 * 실기 평가 별도	학생부종합전형의 비율을 20% 이내로 제한

코로나19와 대학입학시험

2020년 코로나19가 창궐하여 학교교육이 파행적으로 운영되면서 입시경쟁교육의 문제점이 한층 증폭되어 나타났다.

2020년 코로나19로 3월 개학이 연기되었고, 고등학교는 4월 초 중순에야 온라인으로 수업이 진행되었다. 그리고 학교에 등교하여 대면 수업이 가능하게 된 것은 5월 20일부터였다(2020년 등교 수업은 고3은 5월 20일, 고2는 5월 27일, 고1은 6월 3일에 실시되었다). 따라서 코로나19로 인한 2020년 학교 휴업과 장기간 온라인 수업의 여파는 당해 입시를 치른 고등학교 3학년뿐만 아니라 고등학교 1, 2학년에도 강하게 남아 있다. 더욱이 코로나19는 2020년에 그치지 않고 2021년에도 소강 국면과 재확산을 반복하면서 하반기까지 지속될 것으로 전망되고 있다. 이에 따라 고등학생들의 등교는 2021년에도 최대 2/3로 제한되면서 상당한 기간을 온라인 수업으로 운영할 수밖에 없는 조건이다. 고등학교 3학년은 대학입시를 준비하기 위해 가능한 전일 등교를 하지만, 고등학교 1, 2학년은 2020년과 마찬가지로 격주로 등교하고 있다.

코로나19의 유행으로 9등급 상대평가로 진행되는 현재의 내신과 수능시험의 문제점은 더욱 심각해졌다.

코로나19로 학교교육이 휴업과 온라인 수업으로 불안정해지고 사교육의 영향력이 강화되면서 가정의 사회적 배경이 교육에 대해 더욱 커다란 영향력을 행사하고 있다. 특히 최근 정시 비중이 확대되면서 일반고 학생과 학교교육만으로 수능을 준비해야 하는 저소득 계층에게는 코로나 상황으로 불리함이 가중되고 있다. 교육의 양극화와 불평등 심화가 더 광범위하게 진행될 수 있는 조건이 마련된 것이다.

코로나 상황에서 수행평가 진행과 수능 준비에 차질이 생기자 이에 대응하여 대학들은 두 가지 방식으로 입시 전형을 수정했다.

첫째, 코로나로 인한 재학생과 재수생의 차이를 고려하여 수시모집에서 학생부종합전형 평가에서 비교과활동의 항목을 축소하는 것. 둘째, 수시모집 합격자에 대한 수능 최저 등급 적용을 폐지하거나 완화하여 장기간 휴업과 온라인 수업으로 인한 3학년 재학생들의 교육적 결손을 보완하겠다는 것이었다.

여기에 더하여 시도교육감들은 코로나로 인한 학교교육의 파행을 상쇄하기 위해 수능시험의 난이도를 대폭 낮추어 줄 것을 교육부에 요구하기도 했다. 그러나 대학과 교육감들이 시행하고 요구한 입시전형의 부분적인 조정만으로는 코로나19가 남긴 교육 불평등 심화, 학교별 등교 수업 일수의 차이 등으로 인해 발생하는 학교 간 격차, 재학생과 재수생의 격차 등을 해소하기에는 한계가 있다.

대입에서 코로나19의 영향을 줄이려면 교육감들이 제안했던 수능시험의 난이도를 낮추는 것을 넘어서서 보다 전향적으로 수능시험의 등급 수를 감축하거나 등급 간 비율을 조절하는 방안을 도입해야 한다. 즉 현행 9등급 상대평가를 9등급 절대평가 또는 5등급 상대(또는 절대)평가 등으로 전환해서

학생들이 일정 범위에 도달할 경우 세분화된 줄 세우기 없이 선발하도록 해
야 한다.

〈표 4-5〉 수능시험 등급 변경 방안

현행	변경 방안
▶ 4%, 7%, 12%, 17%, 20%, 17%, 12%, 7%, 4%의 상대평가 9등급 체제	▶ 90점, 80점, 70점, 60점, 50점, 40점, 30점, 20점, 20점 미만의 절대평가 체제 ▶ 10%, 20%, 40%, 20%, 10%의 상대평가 5등급 체제 등

수능 절대평가로의 전환은 코로나 감염병 이전에도 지속적으로 요구되어
왔다. 이는 코로나19 같은 재난 상황에서 교육과정의 운영이 제한적으로 이
루어진 조건에서는 더욱 필요한 것이다.

감염병의 여파가 2021년 입시뿐만 아니라 2022년에도 영향을 미치는 상
황에서 절대평가 도입 논의는 바로 시작되어야 한다. 절대평가로의 전환은
학생 선발 단계에서 학생의 수능 성적을 매개로 대학서열을 매겨 왔던 현재
의 기준을 약화시킴으로써 대학서열체제를 완화하는 선순환 과정에 기여할
것이다.

결론적으로 코로나19를 계기로 각 대학의 수시 입학전형은 학생부교과전
형을 중심으로 하고, 정시의 수능시험은 절대평가로 전환해야 한다. 9등급
상대평가를 9등급 절대평가 또는 5등급 상대(또는 절대)평가로 전환하고, 이를
바탕으로 향후 통과와 불합격의 자격고사로 개편해야 한다. 나아가 수능 평
가체제의 변화와 함께 학생부 교과의 내신 등급도 상대평가에서 절대평가로
전환을 이루어 학교 내에서 학생 간 경쟁과 서열화를 완화해야 한다.

코로나19 시기 주요 국가의 2020년 대입시험 진행 상황을 보면, 상당수의
나라에서 대입시험을 학교 내신으로 대신했다. 영국, 프랑스는 대입시험을

실시하지 않고 학교 내신으로 대체했으며, 독일은 아비투어 시험을 연기한 후에 실시했다. 미국은 대학별로 2020년에 SAT 시험을 반영하지 않았으며, 2021년 이후에도 상당수의 대학들이 SAT 시험을 선택제로 전환했다.

〈코로나19 시기 주요 국가의 대입시험 사례〉

1) 프랑스: 대입자격시험(바칼로레아)을 실시하지 않고 학교 내신 성적으로 학생을 선발했음.

2) 독일: 대입자격시험(아비투어)을 코로나 유행 시기에 연기한 후 실시했음.

3) 영국은 A레벨 시험을 중단하고 학교 모의고사로 대체했음.

4) 미국[109]: 미국 전역의 대학들은 올해 가을 입학 절차의 일부로 SAT 또는 ACT 점수 제출을 요구하지 않기로 했음. 2021학년도 입시에서 미국에 있는 모든 4년제 대학의 거의 절반이 시험 선택제로 옮겨 갔음(미국 대학 가운데 SAT/ACT 점수를 제출하지 않아도 되는 대학 수는 1,600여 개에 이르고 있음). 또한 2020년뿐 아니라 향후 2년간 SAT/ACT 점수를 내지 않아도 되는 대학, 향후 3년간 선택으로 하겠다는 대학, 그리고 앞으로도 계속 테스트옵셔널 제도를 채택하겠다는 대학도 상당한 숫자에 이르고 있음.

-향후 2년간 SAT/ACT 점수를 내지 않아도 되는 대학

◂California Institute of Technology (Caltech) ◂Cooper Union ◂Fordham University ◂Oakland University ◂Santa Clara University ◂Swarthmore College

-향후 3년간 시험 선택제를 시행하겠다는 대학

◂Centre College ◂Colgate University ◂Elon University ◂Haverford College ◂Middlebury College ◂Oberlin College ◂Rhodes College ◂Trinity University ◂Tufts University ◂University of Connecticut ◂William & Mary

[109] 이강렬(2020. 11. 15), 「미국대학 내년 입시 SAT 점수 내야 하나?」, 〈The AsiaN〉.

-향후 계속 시험 선택제(테스트옵셔널 제도)를 채택하겠다는 대학

▸Anderson University ▸Bethel University ▸College of St. Benedict and St. John's University (Minnesota) ▸College of Wooster ▸Indiana University-Bloomington ▸Oregon State University ▸Rochester Institute of Technology ▸Scripps College ▸University of Oregon ▸University of San Diego ▸University of Toledo

우리나라의 경우에는 수능시험 성적으로만 학생을 선발하는 정시제도가 있고, 정시 선발 비율이 40% 수준으로 확대된 조건에서 수능시험을 중단하고 학교 내신으로 대체할 수 없었다.

이에 비해 대학입학시험이 자격고사로 진행되거나 대입시험의 반영 비율이 낮은 여러 나라들에서는 일회적인 대입시험을 치르지 않고도 학교에서의 교육 활동에 대한 평가를 바탕으로 학생을 선발하는 것이 충분히 가능하였다.

제5장

대학무상화·대학평준화가
멀지 않았다

입시폐지·대학평준화운동은 상당한 기간 동안 진행되었고
이론과 정책은 실천을 통해 풍부화되어 왔다.
특히 최근에 이르러 대학평준화의 사회적 공감대가 넓어지면서
현실적 과제로 다가오고 있다.

: 대중운동에서 대선 공약으로

공교육개편안(2004년)과 입시폐지·대학평준화국민운동본부 결성(2007년)

입시폐지·대학평준화 운동은 20년에 가까운 역사를 가지고 있다. 입시경쟁교육 해소에 대한 요구는 이보다 더욱 오래되었지만 입시 폐지와 대학평준화를 목표로 목적의식적으로 운동이 진행된 것은 2003년 「공교육개편안」이 제출되고부터라고 할 수 있다. 'WTO 교육개방 저지와 교육공공성 실현을 위한 범국민연대'는 공교육개편안을 담은 책인 『공교육 새판짜기』를 출간했는데, 이 책은 공공성, 민주성, 사회적 생산성, 국민기본권을 강화하는 기조에서 '대학서열체제 타파-대학입학자격고사 도입'을 핵심적인 교육 개편의 상으로 제시했다.

이 시기에 경상대학교에서 『대학서열체제 연구와 진단』이 출간되어 대학서열체제에 대한 이론적 분석이 진행되었고, '대학서열체제 혁파 방안-국립대 통합네트워크 방안'이 제출되면서 대학평준화 논의는 이론적으로 정교화되기 시작했다.

대학평준화 의제는 「공교육개편안」에서 제출된 이후 교육단체와 시민단체들 사이에서 확산되어 교육체제 개편의 핵심 의제로 위치를 잡아 갔다. 2007년 대통령 선거를 계기로 '입시폐지·대학평준화국민운동본부'가 결성되면서 대학서열체제 해소를 위한 실천적 활동은 본격화되었다.

입시폐지·대학평준화국민운동본부는 2007~2009년에 3차례 '입시폐지대학평준화 따르릉 자전거 대장정'을 진행했고, 2007년에서 2010년까지 대학수학능력시험을 전후한 11월에 입시폐지 문화제를 개최하기도 했다. 교육단체와 사회단체의 이러한 조직적인 입시폐지 운동으로 인해 2007년 대선에서 민주노동당은 '대학평준화와 입시제도 개편'을 공약으로 발표했다. 민주당 역시 대학입시 폐지 방안으로 고교졸업자격고사 제도를 제시하기에 이르렀다.

진보 정당인 민주노동당의 권영길 후보는 대학평준화의 방안으로 국립대 통합네트워크 방안을 공약으로 제시했다. 전국적으로 계열별 통합전형을 실시하고, 대입자격고사 합격자를 대상으로 학교 및 전공을 선택·배정하도록 하며, 재학 중에는 학점교류 및 전학을 허용하여 졸업 시에 공동학위를 수여하는 내용으로 설계되었다.

민주노동당 권영길 후보 공약(2007년)
대학평준화의 형태
○ 통합전형
- 계열별 전국 단위 통합전형
- 평준화와 비평준화의 공존 단계: 수능이나 내신 중 하나를 자격고사화, 현행 입시제도 유지
- 평준화의 완성 단계: 고교졸업자격 검정(절대평가, Pass /Fail), 입시 폐지의 단계
○ 학교 및 전공 선택 후 배정

○ 재학 중
- 학점교류 확대, 전학 및 전과 허용
○공동학위 수여

정동영 후보(민주당)는 청소년이 입시 지옥에서 벗어나도록 하는 것을 청소년 정책의 우선 목표로 설정하고 대학입시 폐지를 공약화했다. 또한 수학능력시험의 고교졸업자격고사로의 전환을 대안으로 제시했다. 대학서열체제 해소를 위한 정책이 구체화되지는 않았지만 자격고사로 전환하는 방안을 제시했다는 점에서 의미가 컸다.

민주당 정동영 후보 교육 관련 대선 공약(2007년)
○ 대학입시를 폐지, 일반 수능(수학능력시험)을 고교졸업자격시험으로
전환
○ 청소년 방과 후 아카데미 시행 전면 확대
○ 위기 청소년을 위한 통합 지원 체계 내실화
○ 학자금 무이자 대출 전면 확대
○ 0세부터 고교까지 무상 교육·보육
○ 대학원 중심 대학·교육 중심 대학(학부 중심 대학: 부실한 연구소·대학원
과감하게 정리)·평생 및 직업교육 중심 대학으로 대학을 특성화

진보 정당과 자유주의 정당의 대선 공약화를 계기로 입시 교육을 해소하고 대학서열체제를 청산하려는 활동은 새로운 국면으로 접어들었다. 즉, 교육단체와 사회단체 등 사회적 차원의 운동적 의제가 정당의 정치적 공약으로 공식화된 것이다. 그러나 2007년 대선에서 이명박 후보가 대통령으로 당선되면서 대학평준화 공약은 현실 무대에 등장하지 못했으며, 입시 폐지를 위한 대중운동도 정체 상태에 놓이게 되었다.

교육혁명공동행동의 출범과 대학 공공성 강화

2011년 이명박정부가 서울대 법인화를 추진하자 교육 주체들은 이를 국립대학 민영화로 규정하고 서울대 법인화 반대 공공성 강화 운동을 전개했다. 한편, 이 시기 치솟는 대학등록금의 고통에 시달리던 대학생들은 등록금 인상 저지를 넘어 반값등록금을 요구하는 운동을 광범위하게 전개했다. 교육 주체들은 대학생들의 투쟁에 등록금폐지운동(대학무상화)으로 연대하면서 '국립대 법인화 반대-등록금 인하-교육공공성 실현 공동행동'을 결성했다. 이 시기는 2010년 교육감으로 당선된 6개 시·도 진보 교육감들이 무상급식을 전국적으로 확대하면서 교육에 대한 국가 책임 강화와 교육복지가 사회적 의제로 대두되고 있던 시점이었다.

'국립대 법인화 반대-등록금 인하-교육공공성 실현 공동행동'은 2011년 7월에 부산과 목포를 출발하여 15박 16일 동안 도보로 서울까지 오르는 전국대장정을 진행했다. 대장정은 '아침 출근 홍보활동-교육청 기자회견-주요 지역 선전활동-지역 단체 간담회(노동자 민중의 투쟁 현장 방문)-촛불집회(토론회)'를 진행하면서 서울까지 올라오는 여정이었다. 전국대장정의 주요 구호는 시기에 따라 강조점의 변화는 있었지만 ▶입시폐지·대학평준화 ▶대학등록금 폐지, 국립대 법인화 반대 ▶특권학교·경쟁교육 철폐 ▶비정규직 정규직화·정리해고 철폐였다.

2012년 총선과 대선을 거치면서 입시폐지평준화운동은 한층 역동적으로 전개되었다. 2012년 '국립대 법인화 반대-등록금 인하-교육공공성 실현 공동행동'은 교육의 근본적 개편을 모색하는 '교육혁명공동행동'으로 확대 개편되었다. 교육혁명공동행동은 2003년에 발간되었던 『공교육개편안』을 한층 더 발전시켜 2012년에 『대한민국 교육혁명』을 출간했다. 특히 『대한민국 교육혁명』에서 제시한 대학평준화 방안은 민교협, 교수노조, 입시폐지·대학평준화 국민운동본부, 전교조의 관련 연구자들과 실천가들이 여러 차례 논의를 통해 실현 경로를 구체화한 것으로 이전과 비교하여 일보 전진한 것이었다.

『대한민국 교육혁명』 출간을 계기로 전국 각지에서 북 콘서트를 개최했으며 교육의 근본적 변화를 요구하는 시민들과 소통하는 가운데 교육혁명의 의제를 확산시켜 나갔다. 이러한 연장선상에서 교육혁명공동행동은 2012년 두 번째 교육혁명 대장정을 13박 14일로 진행했다. 교육혁명 대장정은 그 후 2016년까지 매년 형태를 바꿔 가면서 지속적으로 진행되었고, 대학혁명 의제를 대중화하는 중요한 역할을 했다.

〈표 5-1〉 교육혁명 대장정의 전개과정과 의제 2011~2016

	2011	2012	2013	2014	2015	2016
명칭	교육 공공성 실현을 위한 도보대장정	2012 교육혁명 전국 대장정	교육 위기 극복과 대학 공공성 강화를 위한 교육혁명 대장정	진보 교육 실현과 대학 공공성 강화를 위한 교육혁명 대장정	입시폐지· 대학평준화와 대학공공성 강화를 위한 교육혁명 대장정	입시폐지·무상 교육 실현 대학구조 개악 저지·대학 공공성 강화를 위한 2016 교육혁명 전국 대장정
주요 의제	▶특권학교·경쟁 ▶등록금 폐지·대학 구조조정 반대 ▶입시폐지·대학평준화 ▶비정규직 정규직화·정리해고 철폐					
일정	부산, 목포 출발 (15박 16일)	부산, 제주 출발 (13박 14일) -서울 집결	서울, 부산, 춘천, 목포 출발-세종시 집결 (8박 9일)	서울, 창원, 제주 출발(3박 4일)- 세종시 집결	부산, 목포 출발 15박 16일-서울 집결	창원, 제주 출발 11박 12일-서울 집결

이러한 교육단체들의 활동에 힘입어 진보 정당과 자유주의 정당은 2012
년과 2017년 대선에서 입시경쟁 완화와 대학서열체제 해소를 담은 공약을
사회적으로 제출하기에 이르렀다. 2012년 대선에서는 진보 정당 후보들이
모두 사퇴했지만 후보 출마 시 대학 관련 대선 공약에는 대입자격고사화, 대
학평준화 방안이 공약으로 제시되었다.

진보정의당 심상정 후보(2012년 10월 대선 출마 선언문)
　　□ 등수 없는 교육, 학벌사회 해체를 위한 교육혁명 대장정을 시작하겠습
　　　니다.
　　　- 학력차별 금지법, 국공립대 통합을 통한 대학개혁으로 학벌과 입시 문
　　　　제를 해결하겠습니다.

통합진보당 이정희 후보 대선 공약
(2012년 10월 중앙선관위 정책공약 알리미 제출 자료)
　　○ 대학서열화와 고질적인 학벌체제를 극복
　　○ 국립대 통합네트워크로 서열화·사교육 없는 교육체계 구축
　　　- 통합전형, 통합학점, 통합학위('3통' 방안)로 운영되는 국립대 통합네
　　　　트워크 전면화
　　　- 국립대 교과과정과 차별이 없는 사립대는 자율성을 최대한 보장하는
　　　　대신 국가 지원을 점진적으로 축소: 과도기 동안 정부지원형 사립대
　　　　유지
　　　- GDP 대비 교육 재정 확대와 사립대 지원금의 국립대 전환을 통해 국
　　　　립대 무상교육 지향

민주당의 문재인 후보 역시도 2012년 대선에서 정부책임형 사립대의 육성
과 대학연합체제 건설을 통한 대학서열 타파를 공약화하기에 이르렀다.

문재인 후보 「대학교육 10대 공약: 대학의 공공성을 살려 미래의 문을 열겠습니다」 중

- 보편적 반값등록금을 실시하여 학부모와 학생의 교육비 부담을 줄이면서, 고등교육의 질을 높일 수 있는 대학 개혁의 근거를 마련하겠습니다.
- 대학연합체제를 만들어서 불합리한 대학서열을 타파하고 사교육비를 획기적으로 줄이겠습니다. 대학연합체제에 포함된 대학들은 중장기적으로 입시, 교과과정, 학위를 공동으로 관리하여 보편적 고등교육을 실천하는 핵심적 대학으로 발전하게 될 것입니다.
- 희망하는 사립대에 대해서는 정부책임형 사립대로 육성하겠습니다. 국공립대학과 정부책임형 사립대학이 임기 중에 전체 고등교육기관의 30%에 이르도록 하고, 장기적으로는 50%를 목표로 하겠습니다.
- 지방 대학들을 획기적으로 육성하여 지역 균형 발전을 실현하겠습니다. 지방 대학 졸업생에게는 해당 지역 공기업 채용에 30% '지역 인재 할당제'를 실시하겠습니다. 민간 기업에도 채용 때 표준 이력서와 블라인드 채용제 도입을 권장하겠습니다.

그러나 2012년 대선에서 문재인 후보가 박근혜 후보에게 패함으로써 입시폐지평준화는 또다시 공약집 밖 현실 세계로는 나오지 못했다. 그렇지만 보수 정당인 새누리당마저도 국민들의 비싼 대학등록금 부담과 복잡한 입시제도로 인한 학생들의 고통을 외면할 수 없게 되면서 공약의 실현 여부와는 별개로 대학 반값등록금과 대학 입학제도의 단순화를 공약화하게 되었다.

이러한 사회적 상황과 교육혁명 운동의 연장선상에서 입시폐지와 대학평준화 공약은 2014년 교육감 선거에서도 제출되었다. 세월호 참사를 겪으면서 교육감들은 입시 고통을 해소하겠다는 공동 공약을 발표했다. 그리고 실현 방안으로 대학서열체제 및 학벌 구조 해소, 대학입학자격고사 추진을 핵심 공약으로 제시했다.

민주진보 교육감 후보 공동 3대 핵심 공약[110]

　1. 입시 고통 해소, 공교육 정상화

　(1) 고입 고통 해소

　　– 고교평준화 확대, 고입선발고사 폐지, 자사고 폐지, 특목고 정책 전면
　　　전환

　(2) 대입 고통 해소

　　입시를 내신과 수능으로 단순화, 임기 말까지 유럽식 대학입학자격고
　　사 도입 추진

　(3) 대학서열체제 및 학벌구조 해소

　　– 지방 대학의 균형 발전, 국공립대 통합네트워크를 통해 대학서열체
　　　제 해소

　　– 학벌구조 해소를 위한 범국가적 공동 협의기구 구성

　(4) 사교육 고통 경감

　　– 학원 교습 시간 단축으로 '저녁과 주말이 있는 삶' 보장

　　– 입시제도 개편으로 사교육 수요 해소

　이러한 공약을 제출하면서 치러진 교육감 선거에서는 17개 시도 중 13개 시도에서 민주진보 교육감이 당선되었다.

　2017년 촛불혁명 직후에 대선이 치러졌고 더불어민주당 문재인 후보는 교육개혁에 대한 교육 주체들과 국민들의 열망을 어느 정도 수용하여 거점 국립대 육성과 국공립대 네트워크 구축, 공영형 사립대 전환 및 육성, 중장기적으로 대학네트워크 구축을 통한 대학서열 완화를 대선 공약으로 제시했다.

110　민주진보 교육감 후보 공동 기자회견 자료(2014. 6).

2017년 문재인 대통령 대선 공약

▸ 2015 교육과정에 따른 수능시험은 절대평가로 전환

▸ 거점 국립대가 명문 대학으로 발전할 수 있도록 집중 육성

▸ 공영형 사립대 전환 및 육성

▸ 중장기적으로 대학네트워크 구축을 통해 대학서열화 완화 및 대학 경쟁력 강화

　- 국공립대 공동 운영 체제를 통해 대학들의 자발적 고등교육 혁신체제 방안 구축

　- 국공립대 네트워크 구축, 이후 강소대학 네트워크 구축

▸ 국립대학 총장 선출에서 대학 구성원들의 자율성 보장

▸ 대학입학금 폐지, 반값등록금 추진

촛불혁명의 조건 속에서 교육 주체들은 십여 년의 투쟁을 바탕으로 교육 공공성과 교육혁명 의제를 대중화함으로써 진보 정당은 물론 집권 여당까지도 일정 수준 이상 공약화하도록 견인하는 데 성공했다.

그러나 촛불정부를 자임하는 문재인정부의 집권에도 불구하고 대학혁명 관련 공약은 이행되지 않았고, 대학체제 개편은 지지부진한 상태에서 사실상 정체되었다.

〈표 5-2〉 문재인정부의 대학 개편 공약 이행 상황

주요 공약	이행 상황	비고
대학네트워크 구축, 대학서열화 해소	- 국정 기획 과제에서 빠짐 - 공영형 사립대 연구과제 발주 수준에서 정체	이행되지 않고 있음 X
대입제도 단순화와 수능 절대평가 추진	- 대입제도 단순화 발표	대입제도 단순화는 발표 △ 핵심 공약인 절대평가 추진은 이행되지 않고 있음 X

국공립대 통합네트워크 출범이 중요 공약이었기 때문에 문재인정부 출범 초기에는 교육혁명에 대한 교육 주체들의 의지와 기대가 높았다. 그러나 국공립대 통합네트워크 수립이 정권 초기 국정기획자문위원회의 국정과제에서 빠지는 등 정부 추진력의 한계가 드러나면서 활발한 논의는 수면 아래로 가라앉았다. 오히려 국립대학 내에서도 서열과 차이점이 부각되면서 공동 대응의 동력은 약화되었다.

공영형 사립대는 사립이 주를 이루는 우리나라 대학의 현실에서 대학 지배구조의 공공성을 강화하는 정책인 동시에 대학평준화를 추동하고 안정적으로 정착시키기 위한 핵심적인 정책이다. 공영형 사립대는 지방 대학을 중심으로 지속적인 대학 구조조정이 진행되는 상황에서 지방 사립대(지방 전문대 포함)의 활로로 모색되고 있으며, 시급하게 실현되어야 할 과제로 급속히 부상했다. 그러나 문재인정부가 공영형 사립대 추진을 위한 예산 확보에 미적거리면서 임기 내내 논의 수준에 머무르고 말았다.

대입제도 또한 수능시험 절대평가 확대를 내걸었으나 제대로 된 진전은 없었다. 수능시험 절대평가를 통해 대입자격고사 도입의 토대를 강화하려 했으나 국가교육위원회의 공론화위원회는 국어·수학·탐구 과목을 기존의 상대평가로 둔 채, 수능시험으로 학생을 선발하는 정시를 확대하는 방향으로 결론을 내렸다. 이후 조국 사태를 겪으면서 학생부종합전형의 문제점이 가시화되자 교육부는 정시 확대를 늘리는 방향으로 완전히 선회해 버렸다.

따라서 대학체제 개편 방안으로 제시되었던 대학통합네트워크 구축과 대입자격고사 도입은 문재인 정부의 추진 의지 빈곤과 이를 비판하고 견인할 광범위한 대중운동의 부재로 인해 공약 수준에 머무르고 말았고, 현실화는 차기 정부의 과제로 넘어오게 되었다.

대학무상화·대학평준화 추진본부의 구성(2020년)과 대학혁명

　입시폐지·대학평준화국민운동본부-교육혁명공동행동의 연장선상에서 교육혁명의 핵심 의제인 대학서열 해소와 고등교육 공공성 강화 운동을 확대 발전시키기 위해 2020년에 대학무상화·대학평준화 추진본부가 출범하였다.

　'대학무상화·대학평준화 추진본부'는 첫째, 대학의 구조조정과 구조개편 방향에 대한 논의가 진행되고 있는 상황에서 국립대 통합네트워크와 공영형 사립대로의 구성·전환을 통해 대학평준화 체제를 수립하고, 둘째, 2021년 고등학교까지 무상화가 실현되고 고등교육기관 입학률이 88%에 이르는 현실에서 고등교육의 무상화와 공공성 강화를 추동하는 것을 목표로 천명했다.

　대학 입학생의 급감으로 인해 대학 구조조정이 진행되는 현재적 상황은 대학의 위기이기도 하지만 대학 공공성을 강화하고 대학교육의 질을 높일 수 있는 좋은 기회이기도 하다. 만약 대학교육의 전환을 이루어 낼 수 있는 이번 계기를 놓치고 대학의 구조조정이 마무리된다면 대학서열은 오히려 더욱 공고화될 수도 있다.

　이러한 상황에서 지금까지의 성과를 바탕으로 한계적 요인들을 극복해 가면서 교육혁명을 재고양시키는 것은 미룰 수 없는 과제가 되고 있다. 따라서 대선이 있는 2022년에 교육혁명 의제들을 대중적인 정치적 의제로 만들고 본격적으로 제도화하는 것을 목표로 광범위한 운동을 전개해야 할 것이다.

공세기	(정체, 중단)	재공세기	
공론화, 대중화	공약화, 정책화	실행 요구, 공론화	정책 추진 시기
2017	2022	2023	

:대학혁명은 현실화되고 있다

그동안 입시폐지 투쟁과 대학공공성 강화 운동을 계기로 대학무상화·대학평준화의 실현 조건들은 점점 더 성숙해지고 있다. 정당의 공약화를 넘어 대학평준화와 대학입학자격고사로 이행할 수 있는 실질적 조건들이 갖추어지고 있다.

반값등록금 투쟁과 대학무상화

대학통합네트워크로 이행하기 위해서는 국립대학뿐만 아니라 독립형 사립대학들이 공영형 사립대로 전환되어야 한다. 이를 위해서는 사립대학의 공공성을 강화할 재정 확보가 선결되어야 한다. 따라서 대학무상화가 이루어질 때 대학평준화의 조건은 무르익고 더욱 탄탄해지는 것이다.

그런데 첫째, 반값등록금 투쟁을 계기로 등록금 무상화의 조건이 성숙되고 있다.

〈표 5-3〉에서 보는 것처럼 대학등록금을 사실상 인하하는, 4조 원에 육박하는 국가장학금 예산이 편성되고 있다. 이 돈은 대학무상화의 1/3에 불

과하지만 대학등록금을 국가가 책임지기 시작했다는 점에서 커다란 의미가 있다. 앞으로 국가장학금 예산을 바탕으로 1단계 반값등록금을 온전하게 확보하고, 2단계 대학등록금을 무상화하는 것으로 발전시켜 나갈 수 있다.

〈표 5-3〉 국가장학금 예산 현황(교육부)

(단위: 억 원)

	국가장학금	비고
2018	39,958	
2019	39,986	
2020	38,945	
2021	38,788	

둘째, 고등교육에 대한 재정 확보를 튼튼히 하기 위한 '고등교육재정교부금법'이 여러 차례 발의되었다. 특히 2012년 민주통합당은 19대 국회 임기 첫날인 5월 30일에 민생 공약 8대 의제와 19개 민생 법안을 소속 의원 127명 전원이 서명하여 발의했는데, 그 첫 번째 법안이 반값등록금 실현을 위한 '고등교육재정교부금법(안)'이다. 또한 통합진보당도 국회의원 12명 명의로 별도의 '고등교육재정교부금법안'을 제출하였다. 이 법이 제정되어 예산을 지원받는 학교들은 기본적으로 공영형 사립대로 전환될 수 있다. 이러한 점을 종합적으로 고려하면 우리는 공영형 사립대학의 문턱에 도착해 있는 것이다.

고등교육재정교부금법의 주요 내용
 - 이 법은 고등교육기관의 운영에 필요한 재원의 전부 또는 일부를 국가가 교부하여 고등교육의 공공성 확대 및 균형 발전을 도모함을 목적으로 함.
 - 교육부 장관은 보통교부금 교부를 신청한 대학에 해당 연도 학생 1인당 등록금의 2분의 1 이상의 금액에 등록 학생 수를 곱한 금액을 교부하고

보통교부금은 고등교육기관의 학생 1인당 등록금 경감을 위한 사업, 고등교육기관의 교직원의 급여 등 처우 개선을 위한 사업, 고등교육기관의 전임교원확보율 확대를 위한 사업, 고등교육기관의 시간 강의료 및 시간강사 처우 개선을 위한 사업 등에 교부하고 특별 교부금은 저소득층 장학금 지원, 고등교육 여건 개선, 지역 간 균형 발전, 특성화 교육의 개선 및 육성 등의 목적 달성을 위해 교부하도록 함.

현재까지 지급되고 있는 국가장학금을 고등교육보조금 예산으로 사용하여 사립대학을 공영형 사립대로 전환시키면 반값등록금의 효과뿐만 아니라 사립대학의 고질적인 병폐를 해결할 수 있는 일석이조의 효과를 낼 수 있다. 국가장학금 예산을 정부가 직접 대학의 교직원 인건비 및 학교 운영비로 지원할 경우 국가 정책에 대한 사립대학들의 참여를 이끌어 낼 수 있는 기반도 넓어지게 된다.

대학통합네트워크의 기초적 조건 형성

대학통합네트워크는 '공동선발-공동학점-공동학위'를 기본적 내용으로 한다. 이러한 기조가 지켜지는 범위에서 여러 가지 현실적 모형들이 만들어질 것이다. 그런데 여기에서 두 번째 과정인 '공동학점'이 낮은 단계이지만 이미 광범위하게 진행되고 있다.

2016년 1월 서울총장포럼은 '서울총장포럼 회원 대학 학점교류에 관한 협약'을 체결했다. 협약에 따라 23개 대학 소속 학부생들은 교류 대학 전체 강의를 대상으로 원하는 강의를 수강할 수 있게 된다. 정규 및 계절학기를 통해 한 학기당 6학점까지 수강이 가능하며, 졸업 학점 중 절반 이내를 교류학점으로 딸 수 있다. 교류 대학에 수학 허가를 받은 학생들은 소속 대학에만 등록금을 납부하면 된다. 단 계절 학기 수강료는 교류 대학에 납부한다. 회원 대학의 학점교류 협약은 대학 간 크고 작은 벽을 허물고 대학의 교육 자원 공유를 통해 교육 수혜자들이 고등교육의 기회를 폭넓게 가질 수 있도록 하기 위한 대규모 협약이다.[110]

> 해당 교류 대학은 △가톨릭대 △건국대 △광운대 △동국대 △명지대 △삼육대 △상명대 △서강대 △서경대 △서울과학기술대 △서울시립대 △서울여대 △성공회대 △세종대 △숙명여대 △숭실대 △이화여대 △중앙대 △추계예대 △KC대(구그리스도대) △한국외대 △한성대 △홍익대 등 23개 대학이다.

이전에도 대학 간 학점교류가 있긴 했지만 졸업 학점의 절반까지 교류 학점으로 인정했다는 점에서 대학 간 교류와 연대에서 획기적인 진전이 이루어진 것이다. 이 협약의 배경에는 여러 가지 요인이 작동하고 있지만 단기적으로 '학교 간 경계가 허물어지고 교육 기회 격차가 줄어드는 효과가 있을 것'이고, 대학통합네트워크의 물질적 기반을 강화할 것이라는 점은 분명하다. 대학 구조조정 과정에서 추진되는 학점교류 확대가 의도하지 않았을지라도 대학서열체제 해소와 새로운 대학체제의 기반을 탄탄하게 다져 주고 있다.

2017년 5월 충북대에서는 9개 지방 거점 국립대 기획처장들이 모여 효과적인 대학 네트워크 구축을 위한 정책 연구를 정부에 제안하기로 했다. 같은 달 국공립대 총장협의회는 서울시립대에서 "적극적으로 대학체제 개편(통합 네트워크)에 참여하자"고 합의하기도 했다.

---

110) 정윤희(2016. 1. 21), 「원하는 어느 대학에서나 학점 딸 수 있다」, 〈한국대학신문〉.

또한 앞에서 살펴본 것처럼 국립대의 학점교류도 활발해지고 있다. 거점 국립대학 간의 원격수업 공동 운영 체제를 구축하여 학점교류를 진행하기로 했다. 서울대를 포함하여 강원대, 경북대, 경상대, 부산대, 전남대, 전북대, 제주대, 충남대, 충북대 등 10개교는 2020년 10월 '거점 국립대 학생교류 활성화를 위한 협약'을 체결했다. 서울대는 국립대학이 아닌 국립대학 법인이지만 거점 국립대학들과의 교류를 활성화하는 취지로 협약에 참여했다.

: 입시혁명-대학평준화 경로와 일정

대학평준화와 입시혁명을 추진하는 과정은 광범위한 국민적 논의, 사회적 동의의 조직화 그리고 이를 바탕으로 정책을 추진하고 법과 제도를 바꾸는 일련의 활동이 동반되어야 한다. 또한 대학체제 개편은 대학 공공성을 강화하는 것이기 때문에 고등교육 재정을 OECD 회원 국가 평균 수준 이상으로 상향 확충해야 한다. 즉, 추가적 교육 재정을 확보해야 하는 사안이므로 국민적 공감대를 형성해야 한다.

현 시기는 교육혁명 의제의 '대중화·쟁점화-공약화-정책화·현실화' 단계 중 전면적이고 완전한 상태는 아니지만 교육 주체들의 투쟁에 의해 중요 의제들에 대한 주요 정당들의 공약화를 이루고 정책화·현실화를 향해 전진하고 있는 단계이다.

〈교육혁명의 단계〉

공론화, 대중화	공약화, 정책화	현실화	고도화
2017	2022		

따라서 이러한 거대한 과제가 이론의 영역에서 현실의 영역으로, 담론의 수준에서 정책의 차원으로 전진하기 위해서는 정당이 이를 공약화·정책화해야 한다. 나아가 공약을 이행하고 현실화하기 위해서는 대학혁명을 추진할 핵심적인 대오가 구성되고 이를 중심으로 광범위한 대중운동이 병행되어야 한다.

앞으로 대선 국면이 도래하게 되면 사회개편 의제가 본격적으로 공론화될 것이고 이의 일환으로 교육혁명 의제들도 쟁점화될 것이다. 따라서 다가오는 대선국면에서 대학혁명의 공약을 정당들이 재공약화하도록 해야 한다. 그리고 대선 이후에는 광범위한 대중운동을 통해 공약을 현실화하도록 하는 것이 현 단계 과제라고 할 수 있다.

〈표 5-4〉 대학무상화·평준화 추진 일정

	대학무상화·평준화 과제	비고
2020	- 국립대 통합네트워크 논의 발전	- 대학무상화·대학평준화 추진본부 출범
	- 공영형 사립대 운영 예산 확보	
2021	- 고등교육재정교부금법 제정	- 대선 의제화와 공약화
	- 대입자격고사 로드맵 사회적 공론화	- 대학교육 무상화 법적 근거 확보
2022	- 대선 공약화 실현	대통령 선거(3월)
	- 국회에서 관련 법 개정 추진	교육감 선거(6월)
2023	- 공동선발 계획-대입자격고사 추진	
2024	- 대학통합네트워크 출범	총선
2025		외고, 자사고, 국제고 일반고 전환 시작

2021~2022년 교육혁명의 주요 과제는 국립대 통합네트워크, 공영형 사립대 추진에 필요한 예산을 확보하고 고등교육재정교부금법 제정 등을 통해 대학 공공성 강화의 재정적 기반을 마련하는 것이다. 또한 고등학교 내신과

수능시험의 절대평가 전환의 교두보를 확보하고 대입자격고사를 핵심 방안으로 의제화하는 것이다. 2021년에 주요 정당이 대학평준화와 관련된 정책들을 더욱 진전된 내용으로 공약화하도록 대중적인 운동을 전개하고, 정치권을 견인하고 압박하도록 해야 한다.

2022년 대선과 교육감 선거 이후 대학평준화를 현실화하기 위한 대중운동을 더욱더 확대하고 고양시켜서 2025년까지 대학평준화의 물적·제도적 기반을 완전히 확보해야 한다. 고등교육재정교부금법의 제정 및 대학 개편 청사진을 제시하여 상당수 독립형 사립대학을 공영형 사립대로 전환하고, 서울대, 인천대와 같이 법인화된 대학을 다시 국립대학으로 전환시켜야 한다. 이를 바탕으로 국립대학들과 함께 대학통합네트워크를 구성하도록 관련 제도와 법률을 정비하도록 해야 한다. 그리고 대학통합네트워크가 출범하여 기틀이 잡히면 이 시점에 대학입시제도를 대입자격고사 체제로 전면적으로 전환해야 한다. 이를 통해 2025년부터는 고교평준화와 대학평준화가 현실화되는 우리 교육의 새로운 지평을 열어 나가야 한다.

· 참고문헌 ·

강남구청(2020). 2019 강남구 사회조사 및 사회지표.

강태중(2014). 수능 영어영역 절대평가 방안 모색. 수능 영어영역 절대평가 도입방안 공청회(1
　　차) 자료집 전문대학 육성방안.

교육부(2013). 고등교육종합발전방안.

교육부(2020). 2020년 교육기본통계 결과 발표.

교육혁명공동행동연구위원회(2012). 대한민국 교육혁명. 살림터.

김종영(2020). 대학통합네트워크의 구조와 단계. '2020~2025년 대학통합네트워크 현실화 경
　　로와 방안 워크숍' 자료집.

김태년(2015). 5·31 교육개혁 실태 진단-고등교육 주요정책 중심으로, 2015년 국정감사 정책자
　　료집.

김학한·천보선(1998). 신자유주의와 한국교육의 진로. 한울.

김학한(2010). 공교육과 SKY의 미래. 한울.

김학한(2020). 비상시기 고등학교 핵심교육과정으로의 개편방향. 제15회 전북교육정책포럼.
　　전라북도연구원.

대학교육연구소(2021). 정부 대학 재정 지원 분석 대교연 현안보고 통권 22호.

박권우(2020). 수박 먹고 대학 간다. 리빙북스.

박성숙(2015). 독일 교육 두 번째 이야기. 21세기북스.

박종환(2007). 미국 대학의 법칙. 랜덤하우스.

박찬(2014). 68혁명과 '새로운 파리 대학'의 출현. 서강인문논총 제41집.

심광현(2011). 21세기 한국 대학교육 체제 개혁의 기본 방향. 전교조 토론회.

심성보(1993). 현대 한국중등교육 정책의 역사적 평가. 한국현대교육의 재평가. 집문당.

유기홍(2013). 대학 구조개혁 정책 평가와 전환. 2013 정책자료집.

유은혜(2014). 전문대학 10년의 변화와 박근혜정부 전문대학 정책 진단. 2014년 국정감사 정책 자료집.

이규환(1997). 선진국의 교육제도. 배영사.

이도흠(2015). 입시철폐와 대학평준화의 방안. 입시·사교육 없는 대학체제. 한울.

정영수 외(2007). 해외 대학입학제도 실태조사 연구. 한국대학교육협의회.

임재홍(2012). 이명박정부 교육정책에 대한 평가와 과제. 민주주의법학연구회. 민주법학 제50호.

임재홍(2012). 고등교육과 교육 공공성의 확장. 경상대법학연구소. 법학연구 제20권 제1호.

임재홍(2013). 한국 고등교육정책의 패러다임 전환을 위한 이론·법제·정책 연구. 교육혁명공동 행동 연구위원회 자료집.

임재홍(2015). 신자유주의 시대 대학의 지배구조. 문화과학사. 문화과학 2015년 여름호(제82호).

임재홍(2018). 공영형 사립대학 육성: 필요성과 지배구조. 민주평화연구원. 민주평화연구 제1호.

임재홍 외(2015). 공공형 사립 교육기관 운영 모델에 관한 연구. 서울특별시교육청.

임재홍 외(2016). 초·중등교육 정상화를 위한 대학체제 개편방안 연구. 서울특별시교육연구정 보원.

통계청(2020). 2020년 초중고 사교육비 조사 결과.

홍성효 외(2020). 지역혁신을 위한 미래지향적 고등교육체제 구축방안 연구.

교육부 보도자료(2012). 정부재정지원제한대학 등 대학평가지표 개선안 발표.

교육부 보도자료(2020). 「경제협력개발기구(OECD) 교육지표 2020」 결과 발표.

교육부 보도자료(2019). 2021년 대학기본역량진단 기본계획(시안).

교육부 보도자료(2019). 인구 구조 변화, 4차 산업혁명 대응 대학혁신 지원 방안 발표.

민주진보 교육감 후보 공동 기자회견 자료(2014).

사교육걱정없는세상(2020). 21대 국회 'SKY' 출신 감소와 여당의 180석 확보-대학서열화 완화
　　에 나서야.

교수신문(2021. 5. 25). 바이든 "고등교육 지원은 국가경쟁력 투자".

뉴스1(2016. 9. 15). 고위 공무원 절반이 'SKY'대… 편중 심각.

뉴시스 (2019. 11. 13). 재계 '脫학벌' 가속화… 'SKY CEO' 30% 벽 깨졌다.

뉴시스(2021. 3. 4). [위기의 지방대①] 7차 추가모집에도 정원 미달… 학생 수 감소 직격탄.

매일경제(2014. 4. 14). 구조조정 칼날 꼼수로 맞서는 대학들.

법률저널(2020. 11. 25). 최근 10년간 임용 검사 1,322명, 출신 대학을 보니.

연합뉴스(2021. 4. 9). 프랑스 대통령 4명 배출한 '권력의 산실' ENA 내년 해체.

중도일보(2021. 2. 2). 3주기 대학 평가 칼바람 부나… 퇴출 공포 커져.

파이낸셜뉴스(2020. 10. 5). 최근 5년간 신규 임용 법관 중 절반은 서울대 출신.

한국대학신문(2020. 12. 10). '과도한 학생충원율' 평가 바뀌나… 권익위, 기본역량진단 '개선요구'.

한국대학신문(2016. 1. 21). 원하는 어느 대학에서나 학점 딸 수 있다.

The Asian(2020. 11. 15). 미국 대학 내년 입시 SAT 점수 내야 하나?.

OECD 교육지표 2020(https://kess.kedi.re.kr/index).

Martin Trow(1974). Problems in the Transition from Elite to Mass higher Education,
　　OECD: Conference on Future Structures of Post-Secondary Education(26~29th,
　　June, 1973).

OECD(1974). Polices for Higher Education. Paris.

OECD(2018). The Future of Education and Skills-Education 2030.

삶의 행복을 꿈꾸는 교육은 어디에서 오는가?

● 교육혁명을 앞당기는 배움책 이야기 혁신교육의 철학과 잉걸진 미래를 만나다!

비고츠키 선집 시리즈 발달과 협력의 교육학 어떻게 읽을 것인가?

생각과 말
레프 세묘노비치 비고츠키 지음
배희철·김용호·D. 켈로그 옮김 | 690쪽 | 값 33,000원

도구와 기호
비고츠키·루리야 지음 | 비고츠키 연구회 옮김
336쪽 | 값 16,000원

어린이 자기행동숙달의 역사와 발달 I
L.S. 비고츠키 지음 | 비고츠키 연구회 옮김
564쪽 | 값 28,000원

어린이 자기행동숙달의 역사와 발달 II
L.S. 비고츠키 지음 | 비고츠키 연구회 옮김
552쪽 | 값 28,000원

어린이의 상상과 창조
L.S. 비고츠키 지음 | 비고츠키 연구회 옮김
280쪽 | 값 15,000원

비고츠키와 인지 발달의 비밀
A.R. 루리야 지음 | 배희철 옮김 | 280쪽 | 값 15,000원

수업과 수업 사이
비고츠키 연구회 지음 | 196쪽 | 값 12,000원

비고츠키의 발달교육이란 무엇인가?
비고츠키교육학실천연구모임 지음 | 412쪽 | 값 21,000원

비고츠키 철학으로 본 핀란드 교육과정
배희철 지음 | 456쪽 | 값 23,000원

성장과 분화
L.S. 비고츠키 지음 | 비고츠키 연구회 옮김
308쪽 | 값 15,000원

연령과 위기
L.S. 비고츠키 지음 | 비고츠키 연구회 옮김
336쪽 | 값 17,000원

의식과 숙달
L.S 비고츠키 | 비고츠키 연구회 옮김
348쪽 | 값 17,000원

분열과 사랑
L.S. 비고츠키 지음 | 비고츠키 연구회 옮김
260쪽 | 값 16,000원

성애와 갈등
L.S. 비고츠키 지음 | 비고츠키 연구회 옮김
268쪽 | 값 17,000원

관계의 교육학, 비고츠키
진보교육연구소 비고츠키교육학실천연구모임 지음
300쪽 | 값 15,000원

비고츠키 생각과 말 쉽게 읽기
진보교육연구소 비고츠키교육학실천연구모임 지음
316쪽 | 값 15,000원

교사와 부모를 위한 비고츠키 교육학
카르포프 지음 | 실천교사번역팀 옮김 | 308쪽 | 값 15,000원

아이들을 어떻게 가르칠 것인가
사토 마나부 지음 | 박찬영 옮김 | 232쪽 | 값 13,000원

모두를 위한 국제이해교육
한국국제이해교육학회 지음 | 364쪽 | 값 16,000원

경쟁을 넘어 발달 교육으로
현광일 지음 | 288쪽 | 값 14,000원

혁신교육 존 듀이에게 묻다
서용선 지음 | 292쪽 | 값 14,000원

다시 읽는 조선 교육사
이만규 지음 | 750쪽 | 값 33,000원

대한민국 교육혁명
교육혁명공동행동 연구위원회 지음 | 224쪽 | 값 12,000원

독일 교육, 왜 강한가?
박성희 지음 | 324쪽 | 값 15,000원

핀란드 교육의 기적
한넬레 니에미 외 엮음 | 장수명 외 옮김 | 456쪽 | 값 23,000원

한국 교육의 현실과 전망
심성보 지음 | 724쪽 | 값 35,000원

통하는 공부
김태호·김형우·이경석·심우근·허진만 지음
324쪽 | 값 15,000원

내일 수업 어떻게 하지?
아이함께 지음 | 300쪽 | 값 15,000원
2015 세종도서 교양부문

인간 회복의 교육
성래운 지음 | 260쪽 | 값 13,000원

교과서 너머 교육과정 마주하기
이윤미 외 지음 | 368쪽 | 값 17,000원

수업 고수들
수업·교육과정·평가를 말하다
박현숙 외 지음 | 368쪽 | 값 17,000원

도덕 수업, 책으로 묻고 윤리로 답하다
울산도덕교사모임 지음 | 320쪽 | 값 15,000원

체육 교사, 수업을 말하다
전용진 지음 | 304쪽 | 값 15,000원

교실을 위한 프레이리
아이러 쇼어 엮음 | 사람대사람 옮김 | 412쪽 | 값 18,000원

마을교육공동체란 무엇인가?
서용선 외 지음 | 360쪽 | 값 17,000원

교사, 학교를 바꾸다
정진화 지음 | 372쪽 | 값 17,000원

함께 배움
학생 주도 배움 중심 수업 이렇게 한다
니시카와 준 지음 | 백경석 옮김 | 280쪽 | 값 15,000원

공교육은 왜?
홍섭근 지음 | 352쪽 | 값 16,000원

자기혁신과 공동의 성장을 위한
교사들의 필리버스터
윤양수·원종희·장군·조경삼 지음 | 280쪽 | 값 14,000원

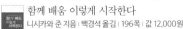
함께 배움 이렇게 시작한다
니시카와 준 지음 | 백경석 옮김 | 196쪽 | 값 12,000원

함께 배움 교사의 말하기
니시카와 준 지음 | 백경석 옮김 | 188쪽 | 값 12,000원

교육과정 통합, 어떻게 할 것인가?
성열관 외 지음 | 192쪽 | 값 13,000원

학교 혁신의 길, 아이들에게 묻다
남궁상운 외 지음 | 272쪽 | 값 15,000원

미래교육의 열쇠, 창의적 문화교육
심광현·노명우·강정석 지음 | 368쪽 | 값 16,000원

주제통합수업, 아이들을 수업의 주인공으로!
이윤미 외 지음 | 392쪽 | 값 17,000원

수업과 교육의 지평을 확장하는 수업 비평
윤양수 지음 | 316쪽 | 값 15,000원
2014 문화체육관광부 우수교양도서

교사, 선생이 되다
김태은 외 지음 | 260쪽 | 값 13,000원

교사의 전문성, 어떻게 만들어지나
국제교원노조연맹 보고서 | 김석규 옮김 392쪽 | 값 17,000원

수업의 정치
윤양수·원종희·장군 지음 | 280쪽 | 값 14,000원

학교협동조합,
현장체험학습과 마을교육공동체를 잇다
주수원 외 지음 | 296쪽 | 값 15,000원

거꾸로 교실,
잠자는 아이들을 깨우는 수업의 비밀
이민경 지음 | 280쪽 | 값 14,000원

교사는 무엇으로 사는가
정은균 지음 | 292쪽 | 값 15,000원

마음의 힘을 기르는 감성수업
조선미 외 지음 | 300쪽 | 값 15,000원

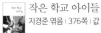
작은 학교 아이들
지경준 엮음 | 376쪽 | 값 17,000원

아이들의 배움은 어떻게 깊어지는가
이시이 준지 지음 | 방지현·이창희 옮김 | 200쪽 | 값 11,000원

대한민국 입시혁명
참교육연구소 입시연구팀 지음 | 220쪽 | 값 12,000원

교사를 세우는 교육과정
박승열 지음 | 312쪽 | 값 15,000원

전국 17명 교육감들과 나눈 교육 대담
최창의 대담·기록 | 272쪽 | 값 15,000원

들뢰즈와 가타리를 통해 유아교육 읽기
리세롯 마리엣 올슨 지음 | 이연선 외 옮김 | 328쪽 | 값 17,000원

학교 민주주의의 불한당들
정은균 지음 | 276쪽 | 값 14,000원

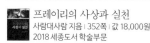 **프레이리의 사상과 실천**
사람대사람 지음 | 352쪽 | 값 18,000원
2018 세종도서 학술부문

 **혁신학교, 한국 교육의 미래를 열다**
송순재 외 지음 | 608쪽 | 값 30,000원

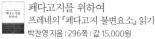 **페다고지를 위하여**
프레네의 『페다고지 불변요소』 읽기
박찬영 지음 | 296쪽 | 값 15,000원

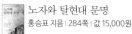 **노자와 탈현대 문명**
홍승표 지음 | 284쪽 | 값 15,000원

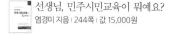 **선생님, 민주시민교육이 뭐예요?**
염경미 지음 | 244쪽 | 값 15,000원

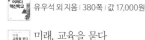 **어쩌다 혁신학교**
유우석 외 지음 | 380쪽 | 값 17,000원

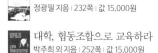 **미래, 교육을 묻다**
정광필 지음 | 232쪽 | 값 15,000원

대학, 협동조합으로 교육하라
박주희 외 지음 | 252쪽 | 값 15,000원

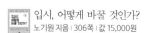 **입시, 어떻게 바꿀 것인가?**
노기원 지음 | 306쪽 | 값 15,000원

촛불시대, 혁신교육을 말하다
이용관 지음 | 240쪽 | 값 15,000원

라운드 스터디
이시이 데루마사 외 엮음 | 224쪽 | 값 15,000원

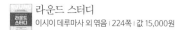 **미래교육을 디자인하는 학교교육과정**
박승열 외 지음 | 348쪽 | 값 18,000원

흥미진진한 아일랜드 전환학년 이야기
제리 제퍼스 지음 | 최상덕·김호원 옮김 | 508쪽 | 값 27,000원

폭력 교실에 맞서는 용기
따돌림사회연구모임 학급운영팀 지음 | 272쪽 | 값 15,000원

그래도 혁신학교
박은혜 외 지음 | 248쪽 | 값 15,000원

학교는 어떤 공동체인가?
성열관 외 지음 | 228쪽 | 값 15,000원

교사 전쟁
다나 골드스타인 지음 | 유성상 외 옮김 | 468쪽 | 값 23,000원

시민, 학교에 가다
최형규 지음 | 260쪽 | 값 15,000원

 교육과정, 수업, 평가의 일체화
리사 카터 지음 | 박승열 외 옮김 | 196쪽 | 값 13,000원

학교를 개선하는 교장
지속가능한 학교 혁신을 위한 실천 전략
마이클 풀란 지음 | 서동연·정효준 옮김 | 216쪽 | 값 13,000원

공자뎐, 논어는 이것이다
유문상 지음 | 392쪽 | 값 18,000원

교사와 부모를 위한 발달교육이란 무엇인가?
현광일 지음 | 380쪽 | 값 18,000원

교사, 이오덕에게 길을 묻다
이무완 지음 | 328쪽 | 값 15,000원

낙오자 없는 스웨덴 교육
레이프 스트란드베리 지음 | 변광수 옮김 | 208쪽 | 값 13,000원

끝나지 않은 마지막 수업
장석웅 지음 | 328쪽 | 값 20,000원

경기 꿈의 학교
진흥섭 외 지음 | 360쪽 | 값 17,000원

학교를 말한다
이성우 지음 | 292쪽 | 값 15,000원

행복도시 세종, 혁신교육으로 디자인하다
곽순일 외 지음 | 392쪽 | 값 18,000원

나는 거꾸로 교실 거꾸로 교사
류광모·임정훈 지음 | 212쪽 | 값 13,000원

교실 속으로 간 이해중심 교육과정
온정덕 외 지음 | 224쪽 | 값 13,000원

교실, 평화를 말하다
따돌림사회연구모임 초등우정팀 지음 | 268쪽 | 값 15,000원

학교자율운영 2.0
김용 지음 | 240쪽 | 값 15,000원

학교자치를 부탁해
유우석 외 지음 | 252쪽 | 값 15,000원

국제이해교육 페다고지
강순원 외 지음 | 256쪽 | 값 15,000원

선생님, 페미니즘이 뭐예요?
염경미 지음 | 280쪽 | 값 15,000원

평화의 교육과정 섬김의 리더십
이준원·이형빈 지음 | 292쪽 | 값 16,000원

학교를 살리는 회복적 생활교육
김민자·이순영·정선영 지음 | 256쪽 | 값 15,000원

 수포자의 시대
김성수·이형빈 지음 | 252쪽 | 값 15,000원

 교사를 위한 교육학 강의
이형빈 지음 | 336쪽 | 값 17,000원

 혁신학교와 실천적 교육과정
신은희 지음 | 236쪽 | 값 15,000원

 새로운학교 학생을 날게 하다
새로운학교네트워크 총서 02 | 408쪽 | 값 20,000원

 삶의 시간을 잇는 문화예술교육
고영직 지음 | 292쪽 | 값 16,000원

 세월호가 묻고 교육이 답하다
경기도교육연구원 지음 | 214쪽 | 값 13,000원

 혐오, 교실에 들어오다
이혜정 외 지음 | 232쪽 | 값 15,000원

 미래교육, 어떻게 만들어갈 것인가?
송기상·김성천 지음 | 300쪽 | 값 16,000원
2019 세종도서 교양부문

 혁신교육지구와 마을교육공동체는 어떻게 만들어지는가?
김태정 지음 | 376쪽 | 값 18,000원

 교육에 대한 오해
우문영 지음 | 224쪽 | 값 15,000원

 선생님, 특성화고 자기소개서 어떻게 써요?
이지영 지음 | 322쪽 | 값 17,000원

 혁신교육지구 현장을 가다
이용운 외 지음 | 348쪽 | 값 18,000원

 학생과 교사, 수업을 묻다
전용진 지음 | 344쪽 | 값 18,000원

 배움의 독립선언, 평생학습
정민승 지음 | 240쪽 | 값 15,000원

 혁신학교의 꽃, 교육과정 다시 그리기
안재일 지음 | 344쪽 | 값 18,000원

 서울의 마을교육
이용운 외 10인 지음 | 352쪽 | 값 18,000원

 교육혁신의 시대 배움의 공간을 상상하다
함영기 외 13인 지음 | 264쪽 | 값 17,000원

 학습격차 해소를 위한 새로운 도전: 보편적 학습설계 수업
조윤정 외 3인 지음 | 225쪽 | 값 15,000원

 평화와 인성을 키우는 자기우정
따돌림사회연구모임 우정팀 지음 | 240쪽 | 값 15,000원

 물질의 새로운 만남
베로니카 파치니-케처바우 지음 | 이연선 외 옮김 240쪽 | 값 15,000원

 미래교육을 열어가는 배움중심 원격수업
하늘빛중학교 원격수업연구회 지음 | 332쪽 | 값 17,000원

● 살림터 참교육 문예 시리즈 영혼이 있는 삶을 가르치는 온 선생님을 만나다!

 꽃보다 귀한 우리 아이는
조재도 지음 | 244쪽 | 값 12,000원

 선생님이 먼저 때렸는데요
강병철 지음 | 248쪽 | 값 12,000원

 성깔 있는 나무들
최은숙 지음 | 244쪽 | 값 12,000원

 서울 여자, 시골 선생님 되다
조경선 지음 | 252쪽 | 값 12,000원

 아이들에게 세상을 배웠네
명혜정 지음 | 240쪽 | 값 12,000원

 행복한 창의 교육
최창의 지음 | 328쪽 | 값 15,000원

 밥상에서 세상으로
김흥숙 지음 | 280쪽 | 값 13,000원

 북유럽 교육 기행
정애경 외 14인 지음 | 288쪽 | 값 14,000원

 우물쭈물하다 끝난 교사 이야기
유기창 지음 | 380쪽 | 값 17,000원

 시험 시간에 웃은 건 처음이에요
조규선 지음 | 252쪽 | 값 15,000원

 오천년을 사는 여자
염경미 지음 | 272쪽 | 값 16,000원

평화샘 프로젝트 매뉴얼 시리즈 학교폭력에 대한 근본적인 예방과 대책을 찾는다

 학교폭력 어떻게 만들어지는가
문재현 외 지음 | 300쪽 | 값 14,000원

 학교폭력, 멈춰!
문재현 외 지음 | 348쪽 | 값 15,000원

 왕따, 이렇게 해결할 수 있다
문재현 외 지음 | 236쪽 | 값 12,000원

 젊은 부모를 위한 백만 년의 육아 슬기
문재현 지음 | 248쪽 | 값 13,000원

 우리는 마을에 산다
유양우·신동명·김수동·문재현 지음 | 312쪽 | 값 15,000원

 누가, 학교폭력 해결을 가로막는가?
문재현 외 지음 | 312쪽 | 값 15,000원

 아이들을 살리는 동네
문재현·신동명·김수동 지음 | 204쪽 | 값 10,000원

 평화! 행복한 학교의 시작
문재현 외 지음 | 252쪽 | 값 12,000원

 마을에 배움의 길이 있다
문재현 지음 | 208쪽 | 값 10,000원

 별자리, 인류의 이야기 주머니
문재현·문한뫼 지음 | 444쪽 | 값 20,000원

 동생아, 우리 뭐 하고 놀까?
문재현 외 지음 | 280쪽 | 값 15,000원

 코로나 19가 앞당긴 미래,
마을에서 찾는 배움길
문재현 외 5인 지음 | 308쪽 | 값 16,000원

남북이 하나 되는 두물머리 평화교육 분단 극복을 위한 치열한 배움과 실천을 만나다

 10년 후 통일
정동영·지승호 지음 | 328쪽 | 값 15,000원

 분단시대의 통일교육
성래운 지음 | 428쪽 | 값 18,000원

 한반도 평화교육 어떻게 할 것인가
이기범 외 지음 | 252쪽 | 값 15,000원

 선생님, 통일이 뭐예요?
정경호 지음 | 252쪽 | 값 13,000원

 김창환 교수의 DMZ 지리 이야기
김창환 지음 | 264쪽 | 값 15,000원

 포괄적 평화교육
베티 리어든 지음 | 강순원 옮김 | 252쪽 | 값 17,000원

창의적인 협력 수업을 지향하는 삶이 있는 국어 교실 우리말 글을 배우며 세상을 배운다

 중학교 국어 수업 어떻게 할 것인가?
김미경 지음 | 340쪽 | 값 15,000원

 토닥토닥 토론해요
명혜정·이명신·조선미 엮음 | 288쪽 | 값 15,000원

 어린이와 시
오인태 지음 | 192쪽 | 값 12,000원

 언어던
정은균 지음 | 268쪽 | 값 15,000원
2019 세종도서 교양부문

 감각의 갱신, 화장하는 인민
남북문학예술연구회 | 380쪽 | 값 19,000원

 토론의 숲에서 나를 만나다
명혜정 엮음 | 312쪽 | 값 15,000원

 인문학의 숲을 거니는 토론 수업
순천국어교사모임 엮음 | 308쪽 | 값 15,000원

 수업, 슬로리딩과 함께
박경숙 외 지음 | 268쪽 | 값 15,000원

 민촌 이기영 평전
이성렬 지음 | 508쪽 | 값 20,000원

더불어 사는 정의로운 세상을 여는 인문사회과학 사람의 존엄과 평등의 가치를 배운다

 밥상혁명
강양구·강이현 지음 | 298쪽 | 값 13,800원

 도덕 교과서 무엇이 문제인가?
김대용 지음 | 272쪽 | 값 14,000원

 자율주의와 진보교육
조엘 스프링 지음 | 심성보 옮김 | 320쪽 | 값 15,000원

 민주화 이후의 공동체 교육
심성보 지음 | 392쪽 | 값 15,000원
2009 문화체육관광부 우수학술도서

 갈등을 넘어 협력 사회로
이창언·오수길·유문종·신윤관 지음 | 280쪽 | 값 15,000원

 동양사상과 마음교육
정재걸 외 지음 | 356쪽 | 값 16,000원
2015 세종도서 학술부문

 교과서 밖에서 배우는 철학 공부
정은교 지음 | 280쪽 | 값 14,000원

 교과서 밖에서 배우는 사회 공부
정은교 지음 | 304쪽 | 값 15,000원

 교과서 밖에서 배우는 윤리 공부
정은교 지음 | 292쪽 | 값 15,000원

 한글 혁명
김슬옹 지음 | 388쪽 | 값 18,000원

 우리 안의 미래교육
정재걸 지음 | 484쪽 | 값 25,000원

 왜 그는 한국으로 돌아왔는가?
황선준 지음 | 364쪽 | 값 17,000원
2019세종도서교양부문

 공간, 문화, 정치의 생태학
현광일 지음 | 232쪽 | 값 15,000원

 인공지능 시대의 사회학적 상상력
홍승표 지음 | 260쪽 | 값 15,000원

 동양사상과 인간 그리고 사회
이현지 지음 | 418쪽 | 값 21,000원

 왜 전태일인가
송필경 지음 | 236쪽 | 값 17,000원

 놀자선생의 놀이인문학
진용근 지음 | 380쪽 | 값 18,000원

 좌우지간 인권이다
안경환 지음 | 288쪽 | 값 13,000원

 민주시민교육
심성보 지음 | 544쪽 | 값 25,000원

 민주시민을 위한 도덕교육
심성보 지음 | 500쪽 | 값 25,000원
2015 세종도서 학술부문

 교과서 밖에서 배우는 인문학 공부
정은교 지음 | 280쪽 | 값 13,000원

 오래된 미래교육
정재걸 지음 | 392쪽 | 값 18,000원

 대한민국 의료혁명
전국보건의료산업노동조합 엮음 | 548쪽 | 값 25,000원

 교과서 밖에서 배우는 고전 공부
정은교 지음 | 288쪽 | 값 14,000원

 전체 안의 전체 사고 속의 사고
김우창의 인문학을 읽다
현광일 지음 | 320쪽 | 값 15,000원

 카스트로, 종교를 말하다
피델 카스트로·프레이 베토 대담 | 조세종 옮김
420쪽 | 값 21,000원

 일제강점기 한국철학
이태우 지음 | 448쪽 | 값 25,000원

 한국 교육 제4의 길을 찾다
이길상 지음 | 400쪽 | 값 21,000원
2019세종도서학술부문

 마을교육공동체 생태적 의미와 실천
김용련 지음 | 256쪽 | 값 15,000원

 교육과정에서 왜 지식이 중요한가
심성보 지음 | 440쪽 | 값 23,000원

 식물에게서 교육을 배우다
이차영 지음 | 260쪽 | 값 15,000원

 장자와 탈현대
정재걸 외 4인 지음 | 424쪽 | 값 21,000원

 한국 세계시민교육이 나아갈 길을 묻다
유네스코태평양 국제이해교육원 지음 | 360쪽 | 값 18,000원

참된 삶과 교육에 관한
생각 줍기